Mazambuko

Mazambuko

nyaya dzemuZimbabwe
dzakaturikirwa

naMusaemura Zimunya

naCharles Mungoshi

WEAVER
—PRESS—

Published by Weaver Press, Box A1922, Avondale, Harare. 2011
<www.weaverpresszimbabwe.com>

Stories 1, 5, 7, 8 and 10 were first published in *Writing Still*. stories 6 and 8
were first published in *Writing Now*, stories 2 and 3 were first published in
Women Writing Zimbabwe, and story 4 was first published in *Laughing Now*. They
are published here with the kind permission of each author and
Weaver Press.

Typeset by Weaver Press
Cover Design: Myrtle Mallis, Harare.
Cover illustration: Border Post by Ronald Mutemeri (private collection)
photographed by David Brazier from an exhibition at Gallery Delta.
Printed by: Benaby Printers, Harare.

The publishers would like to express their gratitude to OSISA for the sup-
port they have given to Weaver Press in the development of this text.

ISBN: 978-1-77922-1506

Zvirimukati

Nezvevanyori

PAT BRICKHILL akaberekwa mumhuri yema*trade unionists* kuSouth Africa. Akambogara kwekanguva kuUK, ndokuuya kuZimbabwe mushure mekuzvitonga kuzere *(independence)*. Chido chaakanga ainacho muhupenyu hwake hwese chakanga chakavharirwa nemashandiro aakanga achiita munezvematongerwo enyika zvakare nekuchengeta vana vake. Vana vake vakura, akatanga kunyora sezvo akanga akurudzirwa nehushingi hwevakadzi vemuZimbabwe. Nganonyorwa dzake dziri mumabhuku anoti *Writing Still* (2003), *Writing Now* (2005) na*Women Writing Zimbabwe* (2008).

JULIUS CHINGONO(1946-2011) akaberekerwa papurazi, akashanda kwemakore ari*blaster* pamighodhi yakasiyanasiyana. Ane nhetembo zhinji dzakadhindwa mumabhuku echiShona anosanganisira *Nhetembo, Mabvumira* e*Nhetembo* na*Gwenyambira* mumakore 1968 kusvikira 1980. Bhuku rake *Chipo Changu* rakadhindwa muna1978, mutambo waakanyora unonzi *Ruvimbo* ndokudhindwa mugore ra1980. *Not Another Day* rine nhetembo nenyaya pfupi, rakadhindwa muna2006. Nhetembo dzake dzakadhindwa mumabhuku akasiyanasiyana muSouth Africa zvakare nemuZimbawe fanike mu*Flags of Love* (*Mireza yerudo*) (1983) na*Flag of Rags* (1996). Akanyorerawo zvakare Poetry International kuNetherlands.

PETINA GAPPAH akaberekwa kuZambia, ndokukurira muZimbabwe. Akadzidzira ugweta pazvikoro zvikuru zvefundo zvemuZimbabwe, England, neAustria kusvikira atora dhigirii re*Doctorate in Law*. Akashanda muGeneva, Switzerland kwemakore akawanda arigweta rinobatsira nyika dzakasiyanasiyana nezvemitemo yebato reWorld Trade Organization. Bhuku rake rekutanga, *An Elegy for Easterly*, rakaita mukurumbira apo parakadhindwa munyika dzinopfura gumi nemaviri. Rakatora mubairo weGuardian First Book Prize muna2009. Parizvino arikunyora bhuku rake rechipiri.

ANNIE HOLMES ndinyanduri zvakare achiita nezvemafirimu. Akadhindisa bhuku rinonzi *Good Red*, nedzimwe nganonyorwa, imwe

vii

yakasarudzwa paPushcart Prize, na*Hope Deferred: Narratives of Zimbabwean Lives* raakaita naPeter Orner. Ari chizvarwa chemuZambia Annie akakurira muno muZimbabwe, ndokudzidza kuUniversity of Cape Town nekuWitwatersrand muSouth Africa. Akazodzoka muZimbabwe mushure me*independence* maakashanda semudzidzisi, *documentary filmmaker* uye *communications director* ndokuzopedza MFA ye*Creative Writing* kuSan Francisco.

NEVANJI MADANHIRE ararama hupenyu hunoratidza zvazvinoita kukura munyika isina kugadzikana seZimbabwe. Akaberekwa muna1961. Paaiva jaya, Nevanji akaona matongerwo enyika achishanduka kuburikidza nemakore ehondo yechimurenga apo vamwe vaaidzidza navo vaimanikidzwa kunorwa. Nekuti akanga arigwara akasarudza kuratidzira pamwechete nemamwe ma*students*. Mumakore makumi matatu ekuzvitonga nyika yakatadza kunyatsoita zvakanaka. Iyi yakabva yaita nguva yaNevanji yekuzviongorora apo akashanda semudzidzisi, *curriculum theorist, educational book publisher, public relations executive* uye mutapinhau. Akatsikisa mabhuku maviri, *Goatsmell* (1993), na*If the Wind Blew* (1995). Akatsikisa zvakare nganonyorwa mumabhuku anoti *Writing Still* (2003) na*All Creatures Great and Small* (2006). Anovimba kuita munyori azere kana vana vake vapedza chikoro.

CHARLES MUNGOSHI akaberekwa mugore ra1947 mudunhu reChivhu. Anyora mabhuku nenyaya pfupi dzechishona zvakere nedzechirungu. Akanyora zvakare mabhuku ane nyaya dzevana: *Stories from a Shona Childhood* na*One Day Long Ago* (1989 na1991). *Stories from a Shona Childhood* rakawana mubairo weNoma Award. Anoramba achinyora nhetembo zvakare ane bhuku renhetembo rinonzi *The Milkman doesn't only deliver Milk* (1998). Akawana mubairo weCommonwealth Writers Prize (Africa *region*) kaviri, muna1988 nemuna1998, nekuda kwemabhuku ake ane nganonyorwa: *The Setting Sun and the Rolling World* (1987) na*Walking Still* (1997). Mabhuku ake maviri: *Waiting for the Rain* (1975) na*Ndiko Kupindana Kwamazuva* (1975) akawana mubairo weInternational PEN awards.

FARAI MPOFU akazvarwa mugore ra1980 kuBulawayo. Akaita dhigirii re*Theatre Arts* paUniversity of Zimbabwe muna2002. Iyezvino anoshanda ari mudzidzisi weGCE *Advanced Level*. Akasimbira pachitendero chechechi yemapositori.

GUGU NDLOVU anogara kuJohannesburg nemurume wake nevana vatatu. Anoshanda munezvenhefenyuro asi anombopota achibira nguva paanokwanisa kuti aite zvekunyora. Gugu Ndlovu chizvarwa chekuZambia asi mai vake vanobva kuCanada, baba vake vachibva muno muZimbabwe. Akakurira kuBulawayo ndokuzopedzisa chikoro kuCanada nekuAmerica. Anoti akakomborerwa nekuwana mukana wekuona nyika kubva kumativi akasiyana.

VALERIE TAGWIRA ndichiremba anove *specialist obstetrician and gyanecologist*. Akadzidza muZimbabwe nekuEngland. Ari kushanda kuHarare Hospital nekuParirenyatwa Hospital muchirongwa chekudzidzisa vanachiremba veUniversity of Zimbabwe.

CHRIS WILSON akaberekerwa kuGweru, akakurira papurazi riri pedyo neNyazura. Akadzidza kwaMutare. Mushure mazvo ndokuzoenda ku-University of Cape Town kwaakanoita zvidzidzo zve*English Literature*. Akagara kunze kwenyika kwenguva refu, uko kwaakadzidzisa Chirungu munyika dzakaita seEgypt, Turkey, Yemen, neMozambique. Pari zvino ari kushanda ari kuBahrain. Ane imba kuChimanimani uko kwaanouya pose paanokwanisa. Anotarisira kuzodzoka zvachose rimwe zuva, uyezve anotarisira kuzoita nyanduri ane mukurumbira!

MUSAEMURA ZIMUNYA ndinyanduri muchiShona nemuChirungu, mudzidzisi mukuru wezvinyorwa muDepartment of English pachikoro chikuru chedzidzo munyika cheUniversity yeZimbabwe kubvira gore ra1980. Akadzidza muzvikoro zvemuno muZimbabwe akazonopedzisira oita MA muzvinyorwa zvechirungu kuchikoro chikuru chedzidzo cheKent paCanterbury kuUnited Kingdom. Zvakarewo, kubvira paakanga achiri kudzidza sekondari yake akatanga kubudisa nhetembo muchiShona achihwina makundano nevarungu muChirungu munguve yeRhodesia. Akatsikisa mabhuku akawanda anoti *Thought Tracks*, *And Now the Poets Speak*, *Chakarira Chindunguma*, *Those*

Years of Drought and Hunger, Country Dawns and City Lights, Nightshift nemamwewo akawanda. Zimunya ndemumwe wevanyori vanokurudzira zvinyorwa zvemuZimbabwe, uye aive ari Secretary General weZimbabwe Writers' Union kwemakore akawanda kubvira 1984. Nazvino ari mubishi navamwe kumutsidzira musangano unobatanidza vanyori patsva nekubatsira vanyori kuti simba ravo risangopararira pasi.

Musumo

naMusaemura Zimunya

Kana tichiongorora zvinyorwa zvavaShona kubva makore akawanda apera, tichawirirana kuti nyanzvi dzinonyanya kufarira kunyora nganonyorwa pfupi (*short story*) kana kuti nyayanyorwa pfupi dzinowanikwa dziri shoma zvikuru. Izvi zvinotoshamisa kwazvo nokuti shasha dzinonyora nganonyorwa refu (*novel*) ndidzo dzakawanda zvisingaverengeki. Chionai kuti tinenge tichifarira kuti ngano pfupi ndiyo iri nyore kunyora – sesu simbe hedu – nokuti haisheedzeri nhoroondo yakareba uye vatambi (*characters*) vakawanda. Kana tikanyatsocherechedza, tinozoonawo zvakare kuti ngano dzatsuro nagudo (*folk tales*) dzinokosha kwazvo kuvanyori vakati kuti. Izvi zvine chekuita nekuti ngano idzodzi ndidzo dzatakarerwa nadzo navabereki nanatete vaigona kwazvo nyambo idzodzi. Saka tingati vatema vemuno muZimbabwe vanonyora nganonyorwa pfupi muChirungu vakachivawo mifananidzo yevanyori vaishandisa Chirungu ndokunyatsodzidza maitiro ekunyora idzo nganonyorwa pfupi. Sezvo pasina mifananidzo yakawanda yengano pfupi dzakanyorwa nenyanzvi muchiShona chedu, tichaona kuti vazhinji havagone kuita shungu nadzo.

Kubvira munyori Dambudzo Marechera achiri mupenyu, vanyori vemuno vakawanda vane shungu kwazvo uye vanonyora zvine mukurumbira vachishandisa nganonyorwa pfupi kuongorora upenyu hwemuno munyika. Muno munyika yedu munowanikwa nyanzvi dzechitema nedzechichena dzinoparapadza nganonyorwa pfupi zvinonwisa mvura chaizvo.

Mumwe wevanhu vanokurudzira nganonyorwa pfupi muChirungu muno munyika uye akatsikisa zvinyorwa zvevanhu vemuno zvakawanda ndiIrene Staunton. Zvichidaro rakava zano remuzvare Staunton kuti zvanga zvakadii kuedza kupakurira vaverengi vezvinyorwa zveShona nganonyorwa pfupi dzinenge dzakanyorwa zvakaisvonaka samare muChirungu, dzoturikirwa kuisa muShona. Zvichinanga kuti tidzidzewoka manyorero enganonyorwa pfupi akanaka, uye anotiratidzawo nezveupenyu hwevanhu vakasiyanasiyana. Ndoo mviro mviro dzebhuku renganonyorwa pfupi idzi. Nganonyorwa pfupi chinyorwa chine chimiro chakanyanya kusiyana kwazvo nenganonyorwa refu. Hongu, muverengi anotarisira kuona nhanho dzenhoroondo (*plot*) dzakanyatsorongwa zvichinanga pakuti chii chichaitika, achasangana negamba rakaita sei, achasangana negakatanwa (*conflict*) rakaita sei, ndiani kana kuti chii chichapikisa, achabatana nepfumvu (*obstacles*) yakaita sei, achakunda here, anopona here, anofa here, ngano inoverengeka here, uye ichapera sei? etc. Zvose izvi zvinhu zvinowanikwa mungano ipi neipi zvayo. Asi, pamusana pekuti nganonyorwa pfupi ingano pfupi, munyori anenge afunga kuinyora anofanira kuzvibvunza kuti ndoita sei kuti muverengi abatwe batwe nenhoroondo yangu, negamba riri munhoroondo, nevatambi (*characters*) vari munhoroondo, nenharaunda inoitikira ngano yake, nezviitiko zviri munhoroondo yangu, neunyanzvi hwerurimi ruri munhoroondo, zvichidaro.

Saka, chekutanga, nganonyorwa pfupi inofanirawo kuva neupfupi hunoita kuti muverengi agone kuipedza pasina nguva refu. Vamwe vanoti ngaisapfuure hurefu hwemazwi zvuuru zviviri kana kuti ngaiverengeke ichipera mumukana weawa imwe chete.

Nyanzvi dzakawanda dzinokurudzira kwazvo kuti munyori kana kuti sarungano wenganonyorwa pfupi anofanira kunge atove nemazano ehunhorido (*narrative skill*) hwengano kare zvichitanga nenhanho dzenhoroondo yake kubvira painovamba kudzamara painoperera. Nganonyorwa yega yega inofanira kuva nechinangwa (*unique intention*), zvichireva kuti inofanira kuva nechidzidzo kana kuti zvidzidzo zvingawanikwa nemuverengi paanogadzika chinyorwa pasi, paya panoperera sarungano. Kana achinge aita izvi, munyori pimbiringano (*raconteur*) anotsvaga chigura kana kuti chimuko (*effect*) chengano yake.

Apa anenge aongorora kuti anenge achida kuti vanoverenga vanzwe kubatwabatwa nomutoo upi; tomboti kwakaita sekutyiswa kana kuvhundutswa, kushamiswa, kuvhiringidzwa kugumburwa, kunakidzwa, kuyevedzwa, kusiririswa, kurwadziwa kana kutsamwiswa nengano. Chinangwa nechimuko zvinhu zvinotuma munyori kuti anyatsonan'anidza mazwi anoenderana nezvaanenge akateya kuti muverengi anzwe kana kuti aone. Zvose izvi zvinokodzera kusungiswa zvibatane kusvikira pakurudunuka (*resolution*) kwegakatanwa nemagumo (*the end*) enyaya.

Tichitarisa nganonyorwa pfupi idzi dzatakasarudza mubhuku iri, tinoona kuti zvinyorwa zvaanasarungano vanotevedza unyanzvi hunoenderana nemusambo wenganonyorwa, zvekuti vazhinji vedu vanonakidzwa kubatanidza nevanoshuvira kudzidza kunyora tinogona kufundawo chaizvo mubhuku irori. Pamusoro pazvo, imwe naimwe yenganonyorwa dzedu idzi ine chinangwa chayo maererano nemagariro edu isu vanhu vemuZimbabwe panguva dziye dzakange dzakaoma kunyanyisa muupenyu hwedu munyika. Nhoroondo idzi dzinotiyeuchidza zvimwe zvatinogona kunge takanganwa, asi zvikuru dzinotidzidzisa raramo yevanhu munguva yejambwa. Kazhinji, nganonyorwa pfupi inogona zvikuru kuunganidza mhiningidzo yeupenyu (*existential issues*) hwevazhinji munyaya yemunhu mumwe chete.

Vaverengi vamwewo vangade kunzwisisa kuti vaturikiri venyaya idzi vakasvika sei pamazano ekushandisa chiShona chinowanikwa mubhuku iri. Vaturikiri vedu vakakomborerwa kwazvo nekudzidza mitauro yeChiShona yakawanda zvokuti muchasangana nemazwi anorerekera kundimi (*dialects*) dzakasiyanasiyana mukuturikira kwavo. Hatipo kukurudzira ndimi imwe nekusakurudzira dzimwe. Tinongoti chauya chauya. Kana tichitaura chokwadi, hazvisi nyore kuturikira kubva muChirungu kuisa muChiShona. Mamwe mazwi eChirungu anoenderana nemutauro wedzidzo dzakafanana nesainzi kana kuti jogirafu kana kuti kemisitiri kana kuti firosofi. Pakadai tinowanikwa tichishandisa mazwi akawanda panzvimbo yezwi rimwe chete, kana kuti tinongoshandisawo izwi riri padyo nereChirungu pamusana pekushaya mazwi kwao.

Kupedzisira, isu vaturikiri tinokurudziria kwazvo kuti kana muverengi ega ega achinge apedza arumewo mumwewo nzeve kuitira kuti azviverengerewo mitakunanzva iyi, sezvo vakuru vakati: Kutaurirwa hunyimwa mbare yekumusana. Uyezve, Nguruve akashaya muswe pamusana pekutumdzira.

INDAVHIYU YAMARIA

Julius Chingono

Yakaturikirwa naMusaemura Zimunya

Maria akasvika paNo 28 Shava Road, imba iri pamusoro pegomo musab-
habha yeumbozha yemuHighlands iyo iri nechokumaodzanyemba
kweHarare, ndokuwana gedhe rakatomutsamwira. Akaswedera padyo
ndokuongorora chipuranga chaive chakasungirirwa pabango rezvid-
hinha iro raive rakabata gedhe raita ngura. Chipuranga chakange
chakanyorwa kuti O. naS. Gahadzikwa. Mamwe mavara akanga
asisaonekwe pamusana pekunanauka kwependi. Akatura bhegi re-
tende pasi ndokuona kuti hembe yake yakanga yatobata tsvina yevhu
dzvuku. Gedhe rakanga risina kukiyiwa asi akaona zikiyi rakarembera
necheni yaibva pabango raive rakatsveyamira mukati. Pakanga pasina
munhu pedyo. Dhuraivhiweyi yekongiri yaibva paghedhi ichienda-
enda yakapingwa nemitsetse yemi*jacaranda* mihombe. Maria akati twi-
i kumira nezvigunwe zvetsoka achidongorera mudenhere
nemuzvikwenzi akatsinzinya maziso kuti anyatsoongorora sezvo rainge
richipisa. Imba chena ndokunyuka nemumiti yegirini yakafedha uye
yaive nemaruva akasvava. Maria haana kuita pfungwa yekungopinda
mugedhi iroro. Aitya imbwa, kunyange paiva pasina chiratidzo chekuti
mune chinhu mukati megedhi. Muyadhi maipisa, musingaratidze hu-

1

penyu, kunze kwetushiri twaingoti tsviri tsviri nekudhuruma kwemota mumugwagwa waakanga akafuratira. Maria akamanikidza kuzunza cheni yaive yakasungirirwa pabango. Ndoo chete nzira yaaigona kuzivisa nayo vepamba apa kuti pane munhu pagedhi. Akazofunga zvokurova gedhi nezikiyi riye, simbi ikati yachema zvokuvhundutsa shiri dzaive mumimvuri yemiti inotonhorera.

Akaburitsa hengechefu yaive muhomweshure yesiketi yake yejini ndokupukuta dikita raiyerera necheseri kwenzeve dzake nepamusoro pemaziso ake. Akapukuta zvakare maoko ake. Akaswatudza nekiresi yakachipa yakange yakarembera mumutsipa make, ndokugadzirisawo siketi yake, nokupuruzira vhudzi rake repemu neminwe yake.

Akaona musikana akange akapfeka turekisutu yegirini achipinda mudhuraivhiweyi. Paakaona Maria, musikana uyu akambomira ndokumutarisa akanyarara. Mumakumbo ake akange akapfeka masiripa erabha ane mavara akasiyana siyana, vhudzi rakati nyangarara. Aitaridzika kunge ane makore gumi nemasere, saMaria wakare. Maria akasimudza ruoko kuti aonekwe. Simba rekusheedza rakanga ramutiza. Paakaona izvi, musikana akawanawo maswederero epagedhi.

'Tingakubatsirayi nei?' akabvunza chimbi chimbi, akamira kanhambwe. Maria akambozvibvunza kuti musikana uyu ari kupona here nezuva rinotosvora kudai, muturekisutu yakavharwa zipi, i-i, akaura naro zuva iri.

'Masikati. Ndaida kuona Mai Gahadzikwa.'

'Makatarisirwa here?' Musikana akatarisisa Maria akavharidzira maziso ake nechanza cheruoko rwake. Paakazoti cheu pamabhegi mahombe aive pedyo naMaria, akabvitura bendekete rake. Kuona kwaMaria, musikana uyu aiita semumwe vevaye vasingaratidze mufaro kuvaenzi vavasingazive.

'Ndinofunga kudaro.' Maria akapindura, izwi richidedera ndokuswedera pagedhi achinyanga muromo nerurimi rwake.

'Havapo.'

'Ndine tsamba yavo.' Musikana ndokutambanudza ruoko rwake kuti aigamuchire asi Maria haana kuiburitsa muhomwe yepahudyu maakanga akaipfekera. Akatoedza zvake kutsanangura kuti sei aida kuona Mai Gahadzikwa.

'Ndakanzwa kuti Mai Gahadzikwa vari kutsvaga musikana webasa. Vandaimbosevenzera ndivo vandiraira kuti ndiuye kuno.'

'Zvakanaka, unogona kuvamirira zvako. Vanodzoka havo manje manje sezvo vasina kumboenda kure.'

'Maita zvenyu.'

Maria akatarisa musikana achienda nokufambisa, achipukuta kumeso kwake nekumberi kwejaketi returekisutu yake, ndokubva anyangarika panobhenda dhuraivhiweyi. Nechomumwoyo akanamata kuti dai amai vaachasevenzera vakasangoita tsika sedzomusikana uyu. Akatendeuka zvake ndokuzviwanira zimumvuri remugamu nechep-amhiri pemugwagwa. Zuva rekunoperera kwemwedzi waGunyana rainyanya kupisa zvokuti tara yaibvira zvokuteya meso. Akawaridza hengechefu yake pamashizha ainamira emugamu ndokusiya mabhegi ake achirinda gedhi. Akatanga kuvaraidza nguva nekukama vhudzi rake pakati penzeve nekuvharidza vharidza chiso chake chitema nepaudha yebhurauni neripisitiki tsvuku.

Ndokumirira hake.

Mota dzaingodhuruma dzichikwira nekudzika mumugwagwa mudiki wokupindisa muraini. Akambofunga nezvetsamba yekutsvagisa basa yaakanga anyorerwa naamai vaakambosevenzera. Akaona sekuti tsamba iya yakange yakanyorwa namazwi matsvene anofadza vapi zvavo vaaizoshandira. Yaiti anosevenza nesimba, zve anovimbika. Mai Mukoko, avo vaakapedzisira kusevenzera vakanga vamuratidza tsamba iyi vasati vainama. Ari mubishi rekufunga uku akanyemwerera muchiwoniso chebhegi rake. Ratove rake chete basa iri, akafunga.

Mukadzi murefu mukobvu ane chiuno chisinganyatsoonekwi akasvika pagedhi. Akange akapfeka hembe yebhuruu yakafaranuka iine maruva maruva. Maria akatadziswa kunyatsobata chimiro chechiso chemudzimai uyu pamusana peziheti remurara rakarerekera rimwe divi rakange rakapfekwa. Muviri wake waiita seunotekaira pa-musana pekuvavarira kufamba. Paakasvika pagedhi ndokuti gu mab-hegi maviri aye akafukura vharanda reheti yake, ndokutarisa tarisa. Pakarepo Maria akati kwanyanu ndokuchimbidza nekamumhu kake kemuviri mupfupi; akadarika mugwagwa akananga kunaamai vaye achiedza zvakare kuvhara henzibhegi yake nekukurumidza achifamba;

3

asi akasiya hengechefu yake.

'Masikati.' Izwi raMaria rakanga rakapfava samare.

'Masikati. Ndingakubatsira nei?' Mudzimai akachimbidza kupinda mugedhi ndokucheuka otanga kutaura naMaria nemumaburi emabhaa egedhi, pakarepo achitarisa mabhegi maviri. Nechomupfungwa make Maria akati, ava ndivo chete vaachasevenzera, nyange vaisaratidza hanya naye. Izwi ravo raive risinganyatsonzwiki. Dikita rakawanda ranga richingodonha pachirebvu muzuva raipisa. 'Ndatumwa naMai Mukoko netsamba, iyi.' Amai vakagadzirisa heti yavo kuitira kudzivirira kumeso kwavo vakazembera pagedhi, ndiye fetu ndokuridza mhere. Simbi yegedhi yakanga yapisa iyoyo. Vaiita sokuti vaive nezvavowo zvaive mupfungwa dzavo zvokuti Maria aingovewo kanhunzi kakazvimirirawo kega. Maria akabata bata homweshure yesiketi yake ndokuburitsa amviropu yakanga yapetekapeteka. Akatyora muzura ndokuimanikidza nepakati pemasimbi. Airida sei, basa iri. Akange abva pabasa rake richangopera asina kubhadarwa saka aitotsvaga mari nedemo, tisingarevi nhamo yechikafu nepekugara. Kana dziri indavhiyu dzemabasa emudzimba, ndoo dzaaiziva maitirwo adzo, manje. Kupfava nekuzvininipisa ndoo zvinhu zvokutanga.

'Tione.' Amai ava havana kutora nguva refu netsamba, Maria akaongorora zvigunwe zvavo zvakafuta zvichibatabata tsamba iyi, ndokuona zvakare mapendekete avo achitekenyeka pasi peganda. Akabva azvibata kuti amai ava vakange vakasiyana navamwe vose vaakamboshandira, kureva kuti apa aitofanira kutamba akachenjera.

'Bva, pinda hako!' Amai vakaita sokuti mwoyo wavo wakanga wafara asi havana kumuvhurira gedhi. Kwete, vakatoita kunge vaingotarisira kuti Maria atevere mumashure mavo. Vakatanga kukwidza nedhuraivhiweyi, mapatapata eganda achipataira pamberi paMaria.

'Unonzi ani?' vakasheedzera.

'Zita rangu ndinonzi Maria.' Maria akanzunzutira mumashure mavo achiitira kuti anyatsonzwa zvavaitaura. Ndoo paakanzwa mabhegi onyanya kumuremera. Akaita mudungwe naamai ava achinyatsoteerera mibvunzo yavo, apa achirwisa kuti asazvuva mabhegi pasi.

Vachingopfuura paya panobhenda dhuraivhiweyi, imba chena yakati chetu. Yaive nependi chena mumidhuri neyebhuruu mumagata zvairatidza kuti achangobva kuno pendwa.

Nechomumwoyo make Maria akati, kana pendi chena isiriyo fevhareti yaamai ava, hamheno. Maziso aMaria haana kumira mugadheni kwenguva refu. Paakangokanda ziso rake imomo kwekanguva kadiki akaona kuti paida kushandwa: makwenzi akaita tswitswitswi kupfumvutira, maruva ainge osvava nokushaya mvura, tsangadzi yaida anocheka, uye zvuru zvaingonyuka pose pose muvhu dzvuku iri.

Sezvo Maria aive nechokwadi chekuti paive nemusevenzi wemugadheni, haana kunyanya kuita hanya nazvo. Asi basa raivepo. Akagumburwa achikwira masitepisi emusuwo wemba ndokudzedzereka ndiye ngondo pasi nemabhegi ake, asi amai kana kumbocheuka kuti vaone kuti mheremhere yabva nepi. Maria akazvikakata ndokumhanya achisvikozvimanikidzira mudhoo risati ravhara.

'Gara hako pasi.' Maria akagara musofa yaive pedyo nedhoo kupfuura dzose. Amai ava vakanyangarika mupaseji yainanga mune imwe rumu iyo Maria akanzwa vana vachitambira. Mheremhere yavo yakamiswa nezwi remumwe mukadzi, asi Maria haana kunzwa kuti zvainzi chii, kunyange akabata izwi remusikana uye akambenge auya kugedhi.

Amai havana kunonoka. Vakadzoka vakabata chimwana chechikomana chaiita sechine makore maviri, semaonere aMaria. Mumutsipa maamai manga makapaikirwa tauru nyoro. Amai ava vakabva vazvinyudza musofa rakatarisana neraMaria. Vakabatidza feni hombe yebhuruu museri mavo ikatanga kutenderera zvinyoronyoro. Maria akavaongorora kabisira. Ganda ravo rakanga rakerererekera kuyero pane bhurauni netumiromo tusina kuzara twakateya pasi. Kamhuno kavo kaiva kadiki, maziso achiita seanoda kukotsira. Kana vofema wainzwa kanenge kamuridzo. Vakanga vakaparwa tsiye uye vhudzi ravo raive rakasungwa, sekabhora kugotsi.

'Zviya zita rako unonzi ani, Sisi?'

'Maria Mhofu.' Maria akaswedera pamberi pesofa achikakata mini siketi yake yaipoya zvidya. 'Munogona zvenyu kunditi, Sisi.' Akanzwa sekunge izwi rake rakanyanya kukwira; akatarisana naamai ava nepfungwa dzake dzose. Aiziva kuti hurukuro yebasa yanga ichiri pakati. Muromo waamai ava wairatidza kusagutsikana, saka anga asingadi kupotsa izwi ripi zvaro raibva mauri.

'*OK*, ndokuti zviite nyore kuvana. Wakapinda chikoro here?'
Vachimirira mhinduro yaMaria vakamuratidza chimwana chavo chine ganda rakapfuura bhurauni, chainzi Di. Chaive chakapfeka napukeni riye repurasitiki rinonzi dhaipa. Chakatanga kutamba neziheti raamai vacho remurara. Amai vakatambanudzira ruoko rwacho kuna Maria. 'Ita kuti Sisi....Sisi!' Vakataura nezwi rechirungu zvakasekesa chimwana chakatarisa amai vacho nechido chekuti vadzokorodze izwi risingabatike iroro.

'Ndakapasa ma*O-level* maviri, mumasabhujekiti anoti English ne-Fashion and Fabrics,' Maria akataaura asingaratidza kudemba. 'Ya, ndiwe chaiye musikana wandiri kutsvaga. Saka wochingonditi Amai.' Maria akanzwa kurerukirwa ndokuti nechomumwoyo, ndorangu chairo iri basa. Amai vakaramba vakati nde-e kutarisa Maria.

'Ndizvozvo, amai,' Maria akapindura akatarisa mabhegi ake.

'Chandinoda kuti utaure nekudzidzisa vana vangu Chirungu – ndichireva kuti, unoshandisa Chirungu chete navo.' Kanyemwe kakapararira nemuromo wakatsveyamira.

'Ndinoita.' Maria akagutsurira zvishomashoma achingoti sezvo amai vave kumuudza zvekuita atoriwana kare basa. Chaakafarira mutoo wokutsvaga musevenzi waamai ava, uye kukurumidza nehurukuro yebasa. 'Kana muchida ndinokuratidzai magwaro angu kana ndichinge ndaaburitsa mubhegi.' Maria aisachengetea magwaro ake pachena nokuti aisafunga kuti pane angave nehanya nedzidzo yake. Vazhinji vaitsvaga vasevenzi vaingogumira paruzivo rwebasa chete, kwete zvimwe izvi.

Amai vakagamuchidza Di kunaMaria, ndokunetseka kusimuka. Vakatokakata makona esofa kuti vasvisumudze; vakamira, vakafemereka vachichema nemapisiro akwaiita. Vakapukuta kumeso netauro nyoro ndokupinda mukichini. Maria akati nechomumwoyo, vanofanira kunge vave nemakore makumi matatu, nyange makumbo avo aive akazvimba – zvimwe vairwara nechirwere chekufutisa. Akatanga kudzidzisa Di chidzidzo chechirungu.

'Seyi Dhe e..e..dhi.' Akasimudza chimwana nehapwa dzacho ndokuchiti dzi zvakatsiga pamabvi ake akachitaridzisa kwaari. Dhi airema kupfuura zero rake. 'Seyi siii si.' Di akanakidzwa nemasheedzero aMaria.

Chimwana chakaseka chakatarisa Maria, chikamirira mamwe mazwi anonakidza.

Pavakadzoka zvakare amai vakange vakagumbatira kamwana kacheche, kaiita sekane mwedzi mipfumbamwe. Mwoyo waMaria wakaita seunonyura. Amai vakanyura musofa ndokutanga kuyamwisa mukaka kamwana aka kainzi Kuku. Kamwana kakaukwekweta zvenharo kunge wakange uchirambira muzamu. 'Rimwe basa rako nderekuchenesa rumu yega yega zvayo mumba muno. Tine mabhedhirumu mana, kichini, dhainingi neraunji.' Zvakaita sezvinoshamisira. Maria akaongorora mumba mavaive nechimbichimbi. Akacherechedza masofa mahombe eDralon mana, karaTV nevidhiyo seti. Zipotoruva zihombe revhu raive rakamera chimuti chinongokwira chegirini yakaguta chinonzi 'money-maker' ranga rakagara seri kwedhoo. Mhanda dzacho dzainge dzakananaira ndokuperera pamusoro pewindosiri. Mashizha acho akanga asingaonekwe nehuruva. Seri kwesofa yaamai kwaive nedhisipureyi kabhineti yemukamba yainge yakazadza hafu yerumu iine magirazi nezvimwe zvinokosha. Kapeti yaive yebhurauni nemvere dzakazara yakadhekoretwa zvinoyevedza samare nemaruva aifashaira kubva pakati payo kupararira kunze. Redhiyo, sitiriyo, tafura ine vhasi remaruva epurasitiki, tafura yekofi, zvituru zvitatu, katafura kadiki kefoni – ndezvimwe zvaive zvakafararira muraunji umu. Mazifoto maviri ainge akaturikwa pamidhuri miviri yakatarisana: imwe, yaAmai, yekara, imwe yemurume ane ndebvu anenge ane makore makumi matatu nemashanu isina kara.

Makurire ezimba iri haana kupa Maria mufaro. Akatura mafemo ndokugadzirisa zvakare siketi yake, yakange yatotsvedza kusvika muchiuno chake. Amai vakazviona ndokudzvokora Maria. Havana zvavakataura asi madzvokorero avo aitaura zvakawanda. Kuti, mapfekero iwaya haatenderwi.

'Uchinge wapedza kuchenesa mumba…' Amai vakabva vamira: madaidziro avakaita izwi rekuti 'kuchenesa' akarakidza kuti vaive murambatsvina pachake. Maria akafungidzira kuti musikana weturekisutu ndiye akanga achiita basa rekuchenesa mumba umu chete nokuti zvanga zvisingaite kuona Amai ava vachiita basa iri nemafutiro avo aya. Imba yairatidza utsanana, asi Maria akaona kuti aitofanira kuich-

7

enesa kupfuura ipapa, kana tikacherechedza nemataururo aAmai. 'Mashiti nemapirokesi, nembasha.' Zvaive pachena kuti Amai vainge vasina muchini wekuwachisa mbatya kana huvha. 'Ticharonga mazuva ekuwacha – hembe nemashiti nemapirokesi.' Amai vakambovhara maziso vachimbotsvaga zvimwe zvirayiro zvokucherechedza, vachidzvanya zamu raKuku ainge achiri kungoyamwa.

'Ndiri kukunzwai Amai.'

'Sisi, munofanira kungwarira mabatiro amunoita machira akasiyana siyana.' Vakavhura maziso, ndokudzutura Maria.

'Ndino – er – Ndinozviziva.' Maria akakakamira, ndokugutsurira achicheukira kurutivi akazvivhara kumeso naKuku.

'Sisi, kana musina chokwadi nechinhu, ndapota bvunzai'. Amai vakanga vatokanganwa kuti Maria akapasa Fashion and Fabrics paO-Level yake.

'Hongu.' Izwi rake rakaita seromukaranga anopika pamuchato wekuroorwa.

'Murume wangu anokara chikafu chakabikwa zvakanaka. Haanetsi asi haadye chikafu chisina kugadzirwa zvamandorokwati. Ini handidiwo zvakare kuti aende kubasa kana kurara asina kuisa chinhu mudumbu.' Kubva mukicheni Maria akanzwa kuchema kwechipunu nekuchachadza kwenyama iri kukangwa. Mupfungwa maMaria akaona musikana weturekisutu uye achidikitira pamberi pechitofu.

'Yaibva here nyama iyoyo, Munya?' Amai vakamedzera, ndokusheedzera nezwi rinonyatsonzikwa. Vanenge vaifarira kwazvo kudimbura mazita evanhu: Kuku, Di, Munya. Maria akaruma muromo wake achimbofunga kuti Amai vachamusheedza vachiti chii. Pfungwa dzake dzakarasika ndokucherechedza amai vaaimbosevenzera vakanga vasingadi kunzwa chinhu chinonzi kudimbudzira pakuita chipi nechipi zvacho.

'Ndaibhoirisa kweawa yose.' Musikana wezwi rakashoshomara akamira pamusuwo. Bachi retirekisutu rake rakanga ravhurwa zipi, tumazamu tuviri tusina kusungwa nebra turi pachena. Meso ake akanga akanyorova nedikita rekupiswa, asi ganda dema rakanga richiita seachangobva mushawa inotonhora. Maria akatarisa musikana uyu waakanga ava kuziva kuti ndiMunya akabata mugwaku kunge bheti remutambo wekirikiti. Meso ake akange asina chekucherechedza.

Mweya wenyama yaakanga achifuraya waipoya nemudhoo maakanga amire.

'Ya, handiti unoziva varamu vako zvavanoita akana pava pachikafu?' Amai vakataura nezwi riri pasi pasi, nyange vanga vakadzvokora musikana uye.

'Ndinoziva kuti ibere risina meno.'

'Akakunzwa uchimutsvinyira kudaro!' Amai vakasheedzera vachipinda mukati memba. Munya akaridza chikuwe achidzokera zvake mukicheni.

'Zvinyi zviri mumabhegi enyu, Sisi? Ese ndeenyu?' Amai vakakanda ziso rinotaura pana Maria, uyo akapindura ari seri kwekacheche, Di.

'Hungu, magumbeze angu nehembe.'

'Bva, motoavhura tione zvamauya nazvo.'

Maziso aAmai akaramba achikura, vakasunga miromo yavo yakatsveyama. 'Isai Di pasi musunungure mabhegi enyu, Sisi.' Maria akati ndee kutarisa Amai ari kuseri kwaDi achishaya kuti chii ichochi. Zvabva nepi kuti amai ava vamumanikidze kudai?

'Haisi mhosva yangu. Gore rakapera musikana wandanga ndapa basa akaviga nhumbi dzaakanga abira vaaisevenzera ndokuviga muno mumba makare, iye achitotsvagwa nemapurisa.' Izwi raAmai raka- mumara. Maria akati suduruke paakanga agere. Haana kuisa Di pasi sezvaakanga audzwa.

'Ipapa? Iye zvino here?' Maria akabvunza nezwi rakapera pera.

'Hongu. Handisikuda kunetswa nekanyaya kemangamanga sekaka. Isa mwana pasi usunungure zvinhu zvako ndione.' Mashoko aya aitop- umha munhu mhosva.

Munyatso wezamu raAmai wakadonha kubva mumuromo waKuku. Amai vakazviziva? Vanga vakaita kunamatidza maziso avo pamab- hegi. 'Vhura mabhegi!' Vakanongedza, izwi richikwira.

Maria akaruma muromo ndokugadzika mwana pasi sechidhori, ndokuvhura seanoribvarura bhegi raive pedyo naye. Maoko aidedera ipapa. Akangoerekana apunyutsa tsamwa. Akakandira hembe dzake panze, imwe neimwe, achizunza imwe neimwe nesimba rinobvundisa. Mabhurauzi, masiketi, madhirezi, mapitikoti, manika, mabhuraa, bhutsu, mapatapata. Zvimwe zvacho zvakadonhera panaDi, chimwana ndokuzvidhonza nemaoko ainamira. Ha. Izvi zvaitosekesa.

Kuti mapiritsi ekumisa mbereko, mapedzi ekumwedzi, donje, sipo, matawuru maviri...

'Unombori nemakore mangani?'

'Gumi nemasere.' Ndoo zvadii? Kufunzura kwakange kwaita Maria hakuna kumbokanganisa Amai. Vaiita sevakanga vakananga chimwe chinhu chavaitsvaga kunyanya, kunge Maria akanga atove mbavha. Kabhodhoro kakangoti nyuku mubhegi. 'Pefiyumu? Regai tione.' Amai vakasveerera kabhodhoro nemaoko ese. 'Ndiwe waka...' vakabvunza vakasimudza kabhodhoro kane makona matatu aka pamusoro pemusoro wavo. Vachimufungidzira, vakati ndee kutarisa zita 'Narcisse' ravakaverenga pachibepa chakanamirwa pabhodoro. Kabhodhoro kakaramba kachiita kadiki, kwavari.

Pakarepo, muna Amai ava nyemwerero yekukunda yakatora nzvimbo yekudzvokora kwemunhu aifungidzira. Maria akamboramba akatarisa pasi. Akaburitsa rimwe bhodhoro. Raitoratidza kudhura kupfuura rekutanga, uye chibepa chezita racho chaive chitsva. Amai vakatombokanganwa nezvaKuku, uyu akanga ati pfe pakati pezvidya zvavo. Vanga vachitenderedza tenderedza bhodhoro rekutanga kuti vanyatsoriongorora mativi akasiyana siyana. Pavakaona kuti Maria akanga aburitsa kamwe kabhodhoro, vakasvetukira kabhodhoro kegirazi ndokukati dzvi nechivharo chako chaive chegoridhe. Amai vakaisa mabhodhoro ari maviri mumaoko avo ndokuayeva sezvinonzi indarama. 'Mai Mukoko vakandipa nokuti vakanga vatadza kundibhadhara.' Izwi raMaria rakaita kukachidzwa nehasha.

Pakapera bhegi rekutanga, Maria akadhonza hombe racho ndokuvhura zipi, asi mwoyo waAmai wakanga waperera pamweya wepefiyumu wavakanga vachidhonza kubva mubhodhoro rechipiri. Vaidhonza mweya wacho kunge zvinonzi vakanga vaona mafuta ehupenyu akaereswa.

'Vaigokubhadhara nepefiyumu dzonokosha kudai kuti zviite sei?' Havana kumbotarisa Maria ange achingokandira magumbeze ake panze, asina basa nekuti aidonhera pamusoro paDi.

'Vakanga vashaya mari, uye handina kufarira hembe dzavakanga vachida kundipa.' Maria akataura achikurumidza asingakendenge kuti Amai vazvinzwa here kana kuti kwete. Di chakazhamba chiri pasi pamagumbeze asi Amai havana kuita hanya. Maria akadhonza chimwana kubva pasi pamagumbeze.

'Vaimbove nechikwereti chakanyanyodii newe?' Vakafemba zvakare mweya wepefiyumu kubva mubhodhoro, vakavhara tumaziso. Feni yakamwaya mweya unonhuhwira murumu yose zvinovhiringidza musoro.

'*One thousand three hundred dollars*' Maria akataura zvinyoronyoro. Akanga zvino apedza kuburitsa magumbeze ake mubhegi rechipiri zvino. Amai havana kuita shungu nezvinhu zvaMaria zvanga zvazara pasi pose.

'Mwedzi mingani iyoyo?' Amai vakafembedza kubva mukabhodhoro kaye kane makona matatu. Vakanga votoita sekuti vazviwanira mushonga wehupenyu mupefiyumu umu.

'Miviri.' Maria akazorodza musana kusofa achitarisa zvake Amai vachidzokorodza kutuna pefiyumu maziso akavharwa; vachizotura mweya maziso akati nama patubhodhoro tuviri utwu. Pakambonyararwa. Di chakatorwa mwoyo netumapurasitiki twebhuruu twemishonga yekuvhara chibereko; akasveerera chipaketi chiye ndokuchibvuta kwakuedza kuchitsemura nemazino kuti chivhurike. Sezvo chakanga chiri seri kwemagumbeze nehembe, ndiani zvake aigozviisa mumusoro?

'Ndotonyatsokufeyafeya.' Amai vakaisa tubhodhoro tuye pasi. Vakaradzika Kuku musofa ndokuzvisumudza nesimba kubva musofa. Pavakangoona Di vakachibvutira paketi remapiritsi ndokubva Di charidza mhere. Vakakandira zamu mudhirezi ravo. 'Ndinotovafonera chete Mai Mukoko!' Vakatekaira vachipfuura Maria vakananga pafoni. Maria akazvitarisa akamirira. Musoro wake wakati hwa-a, pfungwa. Di chakaramba chichingosheedza. Maria akanyebera kunge asingazvinzwe, asi Amai vaitarisira kuti Maria azvinzwe, achengete chimwana. Chimwana chakasimuka negumbo recheya, chichingochema.

Maria akasiya zvakadaro. Haana kana kumbocheuka. 'Torai mwana uyo, Sisi!' Amai vakamutuma, asi Maria akatarisa zvake kurutivi. Akanga asisina hanya. Nyange basa racho riripo kana risipo. Chaakanga amirira chete kuti azvipuruvhe kuti akanga asina mhosva. Ochibva asiyana nazvo. 'Iwe Maria, tora mwana uyo.' Chimwana

11

chakavavarira kusvika pana mai vacho ndokunonamatira pagumbo ravo. 'Hongu,' Mai Mukoko vaiveko. Madzimai maviri akambobatikana nehurukuro dzechidzimai kwekanguva kashomanana. 'Musikana uye ari pano. Asi ndaona ane zvinhu zvinokosha. Ane pefiyumu dzinodhura chaizvo.' 'Pefiyumu? Ah, munongozivawo vasikanana ava, uyu haasiyane nezvinodhura izvozvo.' Izwi raMai Mukoko rakaunga zvinyoronyoro mumutsetse wefoni. *How did Maria pick this up?* 'Hongu, asi ndiudzei kuti ndimi makamupa here mabhodhoro maviri aya?' 'Hongu, ndini ndakamupa.' 'Ndangoti regai ndibvunze, munongoziva zvakaitika kwandiri gore rakapera.' Mai Gahadzikwa vakatenda Mai Mukoko nekuvatumira musikana, Maria, ndobva vakanda foni pasi. Vakasimudza Di, icho chakanga chakochekera kunoperera dhirezi raAmai. Vakafamba zvishoma nezvishoma. 'Zvapera, Sisi. Chiuyai ndikuratidzei imba yenyu ndisati ndagarapasi.'

Maria haana kusimudza musoro. Akaramba akati kwata musofa, maoko ake akachinjika pamabvi ake. 'Ooyi, Sisi.' Amai vakaedza kudzora mabhodhoro epefiyumu maviri kuna Maria. Musikana akasimuka ndokuagamuchira. Misodzi yakapunyuka mumaziso ake.

'Handina kumbenge ndichida kubhadharwa nepefiyumu.'

'Ini ndinofanira kuchenjera....' Izwi raAmai rakanyangarika vachibuda murumu umu asi Maria haana kuvatevera. Akabva atanga kurongedza nhumbi dzake.

VIMBISO YAMAININI GRACE

Valerie Tagwira

Yakaturikirwa naCharles Mungoshi

Amai vaSarai vakasvika pakufunga kuti dzaive dzisiri ndufu nhatu dzavakaona, asi kutoti kurwara kwavo kwakatevera mumashure mazvo ndiko kwakakonzera izvi. Kubva pavakabuda pachena nechirwere, zvinhu zvakasanduka zvishoma nezvishoma. Mukufamba kwenguva, zvekubatana kumeso zvakapfuura, vanhu vobuda pachena. Vakaona sekuti veukama vakanga vakanganwa nezvoupenyu hwavo. Zvisati zvaitika izvi, hama dzaivafambira dzakasungikana pamusana pemweya wekunyara pamwe nekuda kusiyana nazvo. Vakatanga kufambira apo neapo, zvishoma nezvishoma kusvikira vamira. Sarai akaona kuti kuregedza chikoro kuti ave muchengeti waamai vake chaive chinhu chaaikodzera kuita pasina mubvunzo. Akangoona sekuti mhuri yehukama yakanga yageza maoko ayo ndokutsveta basa rose mumaoko ake iye, mucheche wemakore gumi nemashanu.

Mainini Grace, munhu munyoro aizvifarira zvake, ndivo vakasara vari pedyo. Vaipota vachitumira mari nemagirosari vari kuBotswana, vachinyorawo tsamba dzekusimbisana dzizere nekariro yekudzoka kumusha. Vaivimbisawo kuuya nemapiritsi ehurwere hwamai uye nekuronga kuti Sarai adzokere kuchikoro.

Pane dzimwe nguva Mainini vaibatanidza zvavaitumira nemagirovhisi aidiwa naSarai pakugezesa amai vake vari mumubheda, bra iro aichemera achiti vamwe vezera rake vakange votopfeka zvokutsigira mazamu; nemapedzi kana wuru yepiriodhi sezvo zvaive zvisisawanike munyika panguva iyoyo. Kunyange tsamba dzavo dzaipa rujeko, mukufamba kwenguva vimbiso dzaMainini Giresi dzakatanga kusanzwisisika. Kubvira rufu rwekupedzisira, mwedzi gumi neumwe yakapfuura Mainini Grace vasati vambodzoka kubva kuBotswana. Nyange zvakadaro tsamba hadzina kumira. Sarai aidziverenga ogodziverenga zvakare nehavi, achibayikana nechisuwo chekuti vauye agowana wekubatana naye mudambudziko iri.

Pose paaipindura tsamba dzaMainini Grace, Sarai aidura zvose izvi, achizongonyarawo kuvaudza kuti mari yavaitumira yaisanyatsokwana pane zvaidiwa. Pamusana pekusawanikwa kwezvinhu, mitengo yegirosari mumusika mutema yaigara yakakwira zvisina mwero.

***

Zvichitevera tsamba yaMainini Grace yekupedzisira, Sarai akawana chikonzero chekunyatsotarisira. Nechekumashure uko, mune dzimwe tsamba zvaingonzi, 'Manje manje, anodiwa mwana.' Pavakazonyora kuti Chitatu musi wa17 July, akabva abata chokwadi chekuti vari munzira.

Mangwanani acho Sarai akafumira kutsvaira nekurongedza zvinhu mujarata ravo. Akamonera maoko ake nezvimapurasitiki ndokugezesa amai vake vari mumubhedha, sezvaakanga adzidziswa nanesi. Pamusana pekujaira, aive asisazeze maronda avo manyoro, uye paaivachinja divi kugomera kwavo kwakange kusisadyunga pamwoyo zvakanyanya. Vakange vongodya bota ravo raive rati nhoo pamusana pekushaiwa shuga kana dovi pasina kumbonzi, 'Idyai nhai amai.' Musi iwoyo, vainge vasingapfakanyiki kumeso pamusana pegosoro. Zuva iri raive rakasiyana namamwe, vakaswera vachitandara vakatarisira Amainini Grace.

Pakuzodoka kwezuva, Sarai akacherechedza kuti bhazi

14

rekuBotswana raifanira kunge ratopfuura Kwekwe kare, zvokuti raito-
fanira kunge rave muHarare nechekare. Asi Mainini Giresi havan-
gaonekwi.

'Mukati vachauya, imi?' akabvunza amai vake, mwoyo wazoti tsvaa.
Amai zvakambovabata, ndokuzoti, 'Panofanira kunge pane
chikonzero. Munin'ina wangu ndinomuziva. Ndine chokwadi chekuti
achauya zvake manje manje.'

Sarai akambotarisa amai vake, achishaya kuti sei vasina kuratidza
hanyn'a. Havana kumboratidza kushungurudzwa nekutsvedza kwe-
munin'ina wavo, kunyange ariye anga aifanira kuuya nemishonga
yekuvararamisa kubva Botswana. Zvaigoyamura chii kuti Mainini
Grace vaite vimbiso enhema ivo amai varwara zvakadai? Sarai akaona
sekunge akanyengedzwa, pfungwa ndokukanganisika.

Akazvibvunza kuti Ko sei ndanga ndiine tariro iri nanewo pane
zviripo? Zvaive nyore kuziva kuti nhamo haiperi nhasi, kuti rugare
harubatike. Amainini vake vaisauya avo. Sarai aiziva kuti utano hwaa-
mai vake nemishonga yekuvararamisa ndizvo zvinhu zvihombe pane
chido chekudzokera kuchikoro. Asi hazvina kumutadzisa kuzvibvunza
mubunzo unoti, 'Ko, iyeni ndichazofa ndakamugara mukirasi, chok-
wadi?'' Ipapo akanzwa kuvenga Nhamo, mumwe mudzidzi wake
waaiziva kuti anototora namba wani yake kana iye asipo.

Kunyange zvavo vairatidza kusashushikana, amai vaSarai vaitorwara
kupfuura mamwe mazuva. Hapana mushonga waigona kurapa
chikosoro chavo. Kana muto unovavisa wemashizha emugamu
wakambonyevenusa chikosoro chemurume wavo, hauna zvawakabat-
sira. Nyange tii yemandimu neVick's zvayo. Vaitoda mushonga kwawo
wekunyevenutsa chikosoro, asi hauna kuwanikwa. Mwedzi mitatu
yakange yatopfuura kubva pavakapedzisira kunwa mushonga
wechikosoro.

***

Hapana kukotsira kwaiitwa naSarai chero dzamai vake dzanga dzisati
dzabata, nyange zvake aive anzwa nekuneta. Kuita kwakadaro kwait-
ove kuomesa mwoyo. Zvange zvisingatomboita. Ange asina kumwe
kwekuenda kunze kweapa, parutivi paamai vake vakanga vazvipeta
sekacheche varere pabonde. Mainini Grace ndivo chete vaidai vachi-
tora nzvimbo yake padivi ramai vake. Mwoyo wake waishuva rudo

15

uye aive nekushurikirwa kukuru.

Akapukuta pahuma paamai zvakare zvishoma nezvishoma. Richingobva mukunwiwa nejira, rakaputika rimwe dikita riye zvakare. Kumeso kwaamai kwakaramba kuchingopenya murujeko rushoma. Sarai akambosiyana nazvo agere zvake, mumba makati zii asi achishuvira kwazvo nguva dzaifadza. Akadzitsvaga mumwoyo make ndobva adzishaya ndangariro dzakadai. Mafashamo echokwadi akadeukira mumusoro wake wakange washama. Madziso ake akarasikira kumamhororodzi echin'ai akange akazora madziro. Akazviyeuchidza kuti agofuma kuageza mangwana kuseni kuitira kuti asawanikidzwa nehasha dzavaridzi vemba. Hasha dzaMai Simba dzaive nembiri inovhundutsa aninani zvake mupenyu, zvokuti kudzingwa pamba apa ndochinhu chaityisa Sarai chaizvoizvo.

Aigara achiyeuchidzwa nezvetsiyenyoro dzaMai Simba dzakaita kuti iye namai vake – vanaani zvavo – vawane pekuradzika hope. Kakawandawo achiyambirwa nezvengozi yemoto muchitangwena ichochi. Akazofunga zano rokuita bishi kana achibikira panze, achiziva zvake kuti kana kwadoka achaverevedza achinzvengesa moto opinda nawo mumba kuitira amai.

Nezuro chaiye nesi wehome-based care akasema kwazvo kuona mhorodzi dzechin'ai ndokuti, 'Asi makanga mopisa imbasu?' Yakava mhosva ipapo. 'Munofunga kuti chikosoro chavo chingaporesei muchidai?' vakabvunza nehasha, maoko kunge achakomberedza chitangwena chinotsitsirira nekushaya mhepo inofura.

Sarai akakumbira ruregerero, asi akashaya kuti ndiye aidai akadiiwo. Misikanzwa yake yaikonzerwa pamusana pekuti aitofanira kuita zviripoipo, kwete kuti aiita maune. Mwedzi waChikunguru wakatonhora, ukazoti kuvhuvhuta. Muviri wamai vake waipisa, nyange vaichema vachiti chando chaisvika kunon'en'ena magodo emuviri zvokuti nyange rugare rudikidiki rwavainge vasara narwo rwakati hwaa. Sezvo yaive iri nguva yekutonhora, Sarai akanzwisisa dambudziko raamai vake.

***

'Sei musipo Mainini Grace?' akazvibvunza Sarai akatarira asingaone moto wanga wava kudzima sezvakanga zvoitawo tariro yake. Pfungwa dzake hadzina kucherechedza maratya matsvuku ainyenama mukati

16

meupfu uchena hwedota. Maziso ake akabaya nemumadota ndokuwanikwa asvika muzidandaro rine rima rino, ndokuzviona akarembedzwa panoperera mawere. Akarizunza dzikirira nemapendekete, ndokuswatudza maoko nemakumbo zvati tonho. Mumba manga manyatsoita rima sezvo moto wanga wati tsvatarara. Mhepo inotonhora ndokutanga kuti pitipiti. Sarai akabvunda. Zvaiti uku huni yekupedzisira yainge yapera, ukuwo vakanga vatarisana nekenduru rekupedzisira, rasara kamoto kaingorevawo magumo ekenduru racho. Imba huru yaMai Simba ndiyo yaive nemagetsi. Vachinge vakafarisa zvavo zvainzi ndichakudhonzerai magetsi mutangwena, kunge pane zvakazoitwapo. Dai Mainini Grace vakauya kubva kuBotswana havaimborega kuunza nyange mashoma zvawo, pfungwa dzaSarai dzakapepereka zvakare dzakananga kune vake mainini 'mutsvedzi'. Maziso amai vake akaita sekunge anomudaidza, kunge anochemera chinhu chimwe chete chaanga asina simba rekuvapa. Akazvidhonzera padyo namai kuti avapukute pahuma zvakare. Kaoko kakaomeswa kechembere kakasumuka kachibvunda ndokudonha pakare. Asingadi, Sarai akanyatsoteya nzeve achingotyira kuti angangonzwe mashoko aingaite. 'Ramba wakashinga, mwanangu. Hapasisina nguva refu takamirira. Ndozviziva.' Kazwi kakatsemuka sekedatya, nyange kazevezeve ikoko, 'Shinga. Shinga.' Mazwi aya akasvikoti mha mumhepo pakati pavo, amai nemwana, ndokuzongoti do, kunge kaungira zvako. Akadzokorodzwa nekazevezeve mukati mebishi rekukotsora. Izwi ramai vake rakatsitsirirwa nemakararwa, asi zvido zvaamai vake zvakasvika munzeve yake. Mazwi aya akamubaya panyama nhete zvokuti aingotenderera mupfungwa make. Mazwi aizogara naye narini. Ichi ndicho chokwadi chaaisapokana nacho. 'Tsvaga Mainini Grace vakupinze chikoro. Usagume waita seni.' Amai regai kudaro. Musadaro. Akaedza kuvhara amai vake nepfungwa ndokutambanudza maoko ake kubatana neavo, achiedza zvakare kudzima zvaMaininini Grace. Hongu, vaifanira kunge varipo vabatana nevamwe sezvakavimbisa, asika, zvainge zvichabatsirei kumanikidza zvaramba kuitika?

17

Maoko ake ainge akabata twumaoko akanzwa twuchidziya nekudedera, twakaomarara kunge twekapuka, kunge twekamwana. Sarai akatonderawo zvakare akabata twumaoko twehanzvadzi yake saizvozvi, akacherechedzawo twakamufungisa tumakumbo twekashiri katikitiki. Katokotoko kaine zvinzara zvinobaya nokupinza. Akademba kuti dai akanga azvifunga kare akacheka nzara dzamai vake kuitira kuti asarambe aine mifananidzo inorwadza iyoyi. Akacherechedza kuti akabata twumaoko twemunin'ina wake ndozvaainzwa. Twutsoka twekashiri. Twushiri twuviri twuye twakabhururuka, kamwe kachitevera kamwe. Asi rwendo rwababa vake rwaifamba pore pore, ruchiti kurwadza zvakare, zviri kungoitawo amai izvozvi. Sarai akazvishingisa. Akataura nezwi rakatsiga asi rakapfava zvakare. 'Amai, musanetseke. Musanetseke.'

Mukufamba kwemakore Sarai akanga anyatsoamutsa mazwi iwaya. Usanetseke, Mary. Usanetseke, Tafara. Musanetseke, Baba. Kamwe, kaviri, uye zvakare achiadzokorodza zvinyoronyoro; nezwi rakanyatsonanga kutsigisa nekunyevenutsa. Nguva dzose. Saka, iye izvino yakanga yangova, Musanetseke, Amai. Ndiye akanga asina kubatwa nacho; ndiye akapikirwa kuve wekupona, wekunyaradza vamwe.

Zvisinei, kunyange kunze airatidza runyararo chete, mumwoyo airemerwa nemadhaka epfungwa. Aiti akati kutya, ozoti kuvenga nhamo yekusiyiwa yaive akatarisana nayo. Apa chido chokuti amai vararame, vagove neutano zvakare, kuti iye agovada nekuvachengetaiwe, sezvazvinofanira kuita, nhai. Kusasununguka neruzivo rwekuti pasina nenguva zvese zvinenge zvapera; amai vake vachaona zororo, padyo ipapa...Mwoyo wake wakabaduka, pfungwa dzake ndokudzokera mumashure, marimwe zuro.

***

Mazuva maviri chete akanga apera amai vake vaburitswa muchipatara. Maviri chete mazuva, asi wadhi yemuchipatara yairema, zvese nemishonga yainhuhwa zvinovhara mwoyo ainge atozvikanganwa. Kunge seinonyara kuonekwa, tsamba yemushonga yange yakahwanda mukati memakadhi hobho ekuchipatara seri kwedhoo. Famasi yekuchipatara yakanga isisina mishonga. Ndiko kekupedzisira, Sarai akafunga neshungu uye achirwisa zvakare kuvhara misodzi yehasha.

'Chiendayi munovapepera vari kumba. Manesi edu anoshanyira mudzimba ndiwo achakutsigirai. Kwazvino isu taedza napose patinogona,' chiremba vakataura zvinorema, nezwi rakasimba zvakakwana.

Chimiro chake chakange chichiratidza kuti aive munhu aidada nebasa rake; achivimba kuti mazwi ake aive nesimba rekuti Sarai awane zvakare rudaviro nedhipatimendi reutano rakanga rambomurasisa. Kwete kamwe chete, asi kuti kakawanda.

Mazwi aya akangopinda nemunzeve imwe achibuda neimwe, asina zvaaireva, asina chinhu; mazwi aivaraidza vaye vanenge vatarisana neguva. Zvakamutsamwisa zvekumupengesa kwekanguva kadiki zvekuti Sarai akaona ati chiremba dzvi mutsipa, ndokutanga kumudzipa.

Zvaive pachena kuti utano hwamai vake hwakange husina musiyano kubvira pavakapinda muchipatara vhiki rapera iro, asi kutoti hwakange hwatonyanya kuipa. Nendangariro idzi, hasha dzake dzakasimuka zvakare ndokudonha. Pari zvino akanga azvibvuma kuti kwaingove kutambisa hasha panzvimbo yekuchengetedza simba.

Kushanya kwakaita nesi nezuro hakuna pundutso yakwaunza. Akauya asina chaakabata. Kunyange akaedza kupanga Sarai nemazano maererano nedambudziko iri, akazviona zviri nani kungoramba kuzvigamuchira. Chokwadi chakaramba kubvuma.

Kana kwaive kuri kubvotomoka here hamheno kana kushaya tsika, nesi akatsanangura achiti apa hapachadiwe amburenzi, ndokunge maitawo rombo rokuiwana yakamirira. Hapasisina chekutarisira kuchipatara apa.

Kana.

Kana.

Kana Mai Simba nevavakidzani vaipota vachimbobatsirawo.

Pakati peusiku Sarai akaona kuti hapana mumwe akange achauya kuzovabatsira. Vakanga vasara vari vaviri chete. Mhepo yakavhuvhuta zvinoshura manenji. Rimi rekanduru rakatamba chivhiriri; hanyn'a nani richizvifarira zvaro.

Nesi akaenderera achindiudza marwadzirwo andichaita. Anga atondikanganwa kare. Kutokanganwa ini ... Nyange akange azvipira kushinga, Sarai akangoerekana misodzi yodonha yoga chinyararire, muchivande. Pakare ipapo akaona atorereka mutsipa wake, azvishingisa futi, achifunga. Amai havafaniri kumboona misodzi yaipenya mumaziso ake kana madonhwe aierera zvinyoronyoro nematama ake. Akadonhedza mutsipa ndopukuta misodzi negumbeze. Akamarwa matama nokukakashara kwaro nokubayiwabayiwa. Amai vake vakaita sevasina chavaona. Nyange kakange kave kure kure, kazevezeve kakaenderera mberi, 'Usaguma waita seni. Tsvaga Mainini Grace.' Agere mumakomba, maziso akapenya kunge chimwe chinhu murujeko rwekanduru rainge radzikira.

Sarai akapuruzira maoko aamai vake mumaoko ake, achiedza kuvavimbisa nyange zvake iye aive asisina simba racho. Pfungwa dzakangokanyika dzakamhanya dzichipedzisira dzadzoka panaMainini Grace. Sei vasina kusvikawo, nhai?

Chinyararire akagutsurira musoro ndokutanga kusvinyanga maoko akange asvava, amiririra nguva kuti ikwane. Handiti ndiwo magumo avenge vachigadzirira vose kwenguva refu? Zvavakasangana nazvo zvakavagadzirira kusimba. Mazwi akange achizofa asina kupinda munzeve dzaamai akaumbana pahuro paSarai.

Amai vakange vatovhara maziso avo. Vaive vatorara vanyerere zvavo, sevanomhanya kufema, nemweya woperevedza. Mazwi avo akaramba achingotenderera mumusoro maSarai, achitambudza asi achinyaradza nokuti amai vaida zvakanaka chete muupenyu hwake. Akambozvifurira achiti Mainini Grace vanosvika chete. Mainini vaive mudzimai akagwinya uye anozvifarira zvake, aive nenzira yake yokutora matanho nokuti zvinhu zviitike chete. Sarai aiziva kuti kana paive nemunhu aigona kumudzorera kuchikoro nekumugadzirira ramangwana, ndiMainini Grace chete. Akazvipira kuti upenyu hwake husafe hwakazombofanana nehwamai zvachose.

**

Agere kudai, Sarai akanzwa kuhun'a kweinjini yemota. Yakatanga kutinhira zvishoma nezvishoma nezvishoma ichipinda muruwanze. Kwakazomboti zi-i kwekanguva kadiki zvichitevedzwa nekuroverwa kwemadhoo. Imbwa yakahukura ndokubva dzimwe dzaive nechekure dzikati hatingasari ndokudavirawo. Akanzwa mazwi aitaurira pasi pamwe nemutsindo wekufamba. Amai vake vakafurukuta ndokukakata gumbeze zvisina simba.

Sarai akambofunga kuti pamwe murume waMai Simba, vanova ndiye muridzi wemba, vainge adzoka kubva kwavainge vaenda kunoita kirosibhodha yavo. Vaiwanzosvika pakati peusiku. Mupfungwa make akaona vana vavo vachiwirana kubuda mumba nokumhanyira kunovaita auyauya/madzoka. Akanzwa shanje kuungana maari. Vagoni zvavo vaive nababa vavo vapenyu, iye asina. Akamutswa muchiroto nedhoo rakati kokoko zvinyoronyoro. Madziso aamai vake akati bengenu. 'Ndiani?' vakabvunza nekazeveze kakapera mweya.

Sarai akadzungudza musoro wake nekushamiswa. Ndiani angasvika nguva dzino kudai? Akanamata kuti havasi Mai Simba vakanga vauya kunodongorera kuti vaone kuti hapana mumwe mutemo wemba yavo wataive tatyora here. Akazvidhonza nemwoyo usingadi akananga kumusuwo. Akaridhonza.

Chiso chaakatarisana nacho chaive chikatyamadzo chaamai vake vakamira pamusuwo wemba. Rutivi rwokurudyi rwavo rwaive rwakadziirirwa nerima, rwokuruvoshe rwaipenya nechadzera chegetsi chaibva muvharanda maMai Simba.

Sarai akaoma amire nekuvhunduka paakacherechedza maziso akabookera mukati, shaya dzakapofoka dzakasvava, nemuondorokwa wemuviri wakaputirwa nezijasi rakakurisa. Paive nemasutukezi matatu pamberi pemakumbo amai vake. Akadzungudza musoro ukati reru, zungaidzwe nekatyamadzo iyi. Akatonderawo nhoroondo dzinomisa bvudzi dzekunzi vanenge vava kufa vanogona kuita zvipoko kuoneka vepamwoyo.

'Amai? Maita sei…?' Izwi rake rakabvunda nemubvunzo ndokufira pahuro make.

Mukadzi uyu akatambanudza maoko ake ndokuswedera pana Sarai. 'Ndapota hangu, musandiudze kuti vatondisiya…' Izwi iri rakanga rakwana nekutya. Raive risiri izwi ramai vake. Akariziva asi anga asina kuritarisira. Kwete saizvozvi. Kwete richibva muchipoko chakadai.

Sarai akatanga kudedera zvisingamisike. Ipapo akabva aziva zviripo, mibvunzo iye yose yaakanga achitadza kupindura ndokuwana mhinduro pakare. Chokwadi nenjere zvakabatana, tsananguro dzose ndokupera.

21

Paakabengenuka akaona zvino kuti rombo rakaipa rakanga ra-murongera zvisizvo. Tariro yake yose yakabva yadhirika ipapo. Mu-musoro make makaita kunge maputika chimwe chinhu, ndokunzwa kuti ngwi-i zvinobaya mukatikati imomo. 'Aiwaaaaa!' akaridza mhere ndokuzvikandira pana chimudzimai ichi. Akabata chimutsipa chacho ndokutanga kuchidzipa, vose ndokuti ngondongondo mumubhedha wemakabichi aMai Simba. Chimudzi-mai chakapfarapfatika chichifemereka. 'Nhai Sarai iwe... ndapota... aiwa kani.' Sarai akanzwa kunge ndaamai vake vakanga vachimusheedza, asi hamenowo chakamupa simba rokutodzipa zvakanyanya. Ungwi-i hwaive mumusoro make hwakaramba huchikwira kusvika hwavhara nzeve. Ipfumvu yekupenga kwake yakadambura runyararo rweusiku ikamutsa Mai Simba nevamwe vavakidzani. Akazonzwa kukakatwa maoko ake uko neuko, vachiedza kumutakanura pamudzimai akanga adzvanyirirwa pamusoro pamakabhichi, kutenge afa, ndokuvhuvhuma zvinyoronyoro, maziso achizoti zi-i. 'Nemiwo here nhani? Nemiwo here Mainini Grace?' Sarai akapfikura vachienda naye kuvharanda raMai Simba.

DHIRIVHARI

Annie Holmes

Yakaturikirwa naCharles Mungoshi

'Aha! Ndazozvibata zvino!' Obi akadaro achizazanura maoko ake noku-
atambanudza pamusoro petafura yokudyira apo pakanga pakazara
nomudzvarara wamapikicha − ndokubva arova pamusoro petafura
nezvibhakera zvake kuti anyatsosimbisisa zvaaida kutaura. Mai vangu
neni tese takabva tarega zvatakanga tichiita tomutarisa.

'Iye zvino,' akadaro mukomana wangu achizhinyira akatitarisa,
'yasvika zvino nguva yokuburitsa pachena zvinhu zvinokonzera
kusagarisana paushamwari hwevakomana nevasikana vachena na-
vatema.' (Ndaisada kuona mai vangu vachifarira netarisiro yezven-
hema − ndakanga ndaona kutarisa kweziso ravo − saka ndakaramba
ndakatovesera maziso angu pana Obi. Izvi zvakanga zvisinganetsi.
Mumwoyo mangu nemupfungwa ndiye chete wandakanga ndon-
gonyanya kutarisa kubvira patakaonana muna Juni.). 'Nyaya yose iri
paburi rekamera!' akaenderera mberi. 'Zvinenge zvisingaiti zvachose,'
akataurira Amai izvozvo, 'kuti mwana wenyu neni tionekwe mupikicha
imwe chete.' Akandikakatira padyo naye ndokuisa chiso chake chitema
padivi pechangu chaiva chakacheneruka chine tudodzi tutema. 'Iti chi-
izi!' Obi akadaro tichibva tanyemwerera takatarisa Amai.

23

Akabva asaidzira mapikicha maviri patafura achida kuti tinyatsoona chokwadi chezvaaireva. 'Munogona kusarudza apa,' akadaro kuna Amai. (Ndakapotsa ndamuti hatitambi tichidaro – kutovati sarudzai zvenyu? Vaibva vazosarudza mukomana wavaida ivo, wechichena, zvichibvira ari dhokotera pamusoro pazvo!). 'Apa ndini ndiripo apa, ndese ndakakwana sezvamuri kuona izvi – ndimire padivi pechadzera chechiedza chakangoti mbu-u chatingangofungidzira kuti ndiPercy uyu,' Obi akadaro achinongedzera. 'Chionai zvino kana tichiongorora pikicha imwe iyi, apa tinoona iye chaiye Persephone van Heerden, mwana wemuchena pachake, handiti? – mhuno, miromo, maziso nezvose – ndiye akamira padivi pemazino machena maviri anonyuka murima remeso. Iwaya mazino aya ndiwo ini wacho pauzima, munhu atokwana!'

Amai vakatarisa mapikicha vachibva vatitarisa – napamusoro pemagirazi avo aionesa zviri kure nezviri padyo – neziso rainge raiti 'zvepwere nhai!' – vachibva vabuda vadaidzwa nefoni yairira mune rimwe kamuri. Asi Obi akanga achitaura chokwadi. Dai zvainzi Mai vasarudze pikicha iyo ndakanyatsobuda sezvandiri vachiona kuti ndini chaiye uyu, vachitarisisa zvakare mupikicha imomo vaizocherechedza kuti mudikanwi wangu mutsva uyu raibuda sedzito dema padivi pangu.

'Kodak inovhara magedhe nyangwe zvazvo zvidziro zvesarurarudzi zviri kudhirika,' ndakadenha Obi nemazwi aigona kungoita musoro wenhau, iye achibva afemedzeka seanodhonza madzihwa. Kubvira musi uyo Obi akapinda muZimbabwe achibva kuLondon, taive tagara tichingotaura zvokusekedzana nokusetsa. Yakanga yava mwedzi mina yose yokufara chete kusvika pazuva iri – takanga tambozama kuseka tichikunda zvose zvaida kutikanganisa murudo rwedu.

Amai vakadzoka vakabata bepa raiva namazita namaadhiresi. Vakaritendeudza kuna Obi vachiti, 'Ndimizve vadiki munoziva. Dondipawo njere dzako pano apa udhinde maadhiresi aya pamahamvuropi pakombiyuta.'

'Mhamha, ko foni iri muhapwa iyo – ndipo payava kugara here?'

'Hezvo, nhasi zvangu. O, ndeyako. Hanzi Taphie here kana Taffy…

'NdiTafi, Mhamha.'

Ndakakurumidza kutora foni iya asi Tafi akanga atoikanda pasi kare

kare. Ndakaedza kufunga zvaakanga anzwa mufoni yaive yakabvumbatwa muhapwa maMhamha, 'Mira wakadaro, Toughie ‒ Hezvo, mhamha vakazvarirwa munyika muno asi kusvika pari nhasi havasati vogona kudaidza mazita evanhu vatema vomuno ‒ 'Mira wakadaro,' zvichiteverwa nokugwedebudzwa kwemadhirowa Mhamha vachitsvaga maadhiresi avasisazivi kuti vakaaisa papi pacho, pamwe vachitopopota, kana kuzvituka vapotsa kuisa madota efodya yavo mueshitereyi achibva adonhera pasi.

Ini ndakazvambarara pasi pekapeti kuti ndinyatsotaura naTafi pafoni ‒ aive munhu akanga asingapedzi kutaura saka kutoita zvokurara ndichitaura naye ndizvo zvaitoita. Pamusoro pangu ndaiona rume dema, refu randaida rakamira padivi paMai vangu ‒ vapfupi vaingofinyama vachitaridza kuti havatani kushatirwa ‒ vachikurukurirana naObi mazita evanhu vavaida kuzotumira kadhi reKirisimisi.

'Haachagaripo,' Mhamha vakaudza Obi, vachicheka zita romumwe munhu kubva pabepa ramazita ravakanga vakabata.

'Ndiani asisipo?' ndakavhunza.

'Mwana waPraxides.' Taisitumira kadhi reKirisimasi kumwana wacho kuti agonopa 'Praxides asi musikana wacho haasisiri pabasa.' (Obi akandichonyera achida kuziva kuti zvine basa here izvi kana kuti tozvisiya zvakadaro?) 'Ndinofunga Percy akakuudza nezvaPraxides, handizvo here, Obi?' Mhamha vakamubvunza. Ndiye neni wa Percy, mudiwa wedu, Praxie.'

'Zvachinongova chiGiriki kwandiri,' Obi akadaro achiseka akanditarisa. Mhamha havana kuita basa naye.

Obi akanga asiya Nigeria achiri kukambaira achienda kuEngland kwaakazondokura achirerwa namai vake. Saka akanga asina kumboita mumwe munhu aimurera. Pandaiva mudiki ndaifunga kuti munhu wese ane munhu anomurera, kana kuti neni. Ndaiona sokuti kuva nababa, duwinho ‒ *swimming pool* ‒ kana kuti bhasikoro remutatu, uku kwaiva kuda kwako munhu; asi mai, zvokudya nomureri kana kuti neni ‒ ndaiona sekuti izvi ndizvo chaizvo zvakanga zvakabata upenyu! Vana neni vakanga vakangofanana kana kusiyana sezvakangoita vana mai. Tichiri vana taikurukurirana nezvavo ‒ uyu akaipa, uyu akanaka. Praxie ndiye aitora mukombe nyangwe zvazvo akanga akaoma kune rumwe rutivi. Aindibatsira kuti ndisava nehanyn'a kuti ndini ndega

25

ndaiva namai vaingopfeka ngowani kana kuti heti pamitambo kana misangano yapachikoro. Dai dzaitombovawo zvadzo heti dziya dzomurara kana kuti chena zvainge nani, zviine matauriro; zvino zvakanga zvisiri izvo nokuti heti dzaipfekwa namai vangu dzaiva ano mazihohwa akanyangara kana kuti tswanda dzetsenza dziri dzamarudzi airutsisa – matema anenge ropa rakagwamba kana kuti eruvara rweyero. Heti dzamai dzaityisa chokwadi. 'Ko mazita echiGiriki ese aya ndeeyiko nhai Mai van Heerden?' Obi akavhunza Mhamha. 'Persephone, Praxides…?' 'Izvo ungatobvunza iye aiva murume wangu, baba vaPercy.' Mhamha vakadaro. 'Aigara musoro wakavigwa mungano nembiri dzechinyakare. Kana nechimwe chete chaaiziva nezviri kuitika munyika matigere umu.' 'Saka ndiye akatumidza musevenzi wenyu zita rokuti Praxides?' 'Neni. Praxie aiva neni, mureri kwete musevenzi.'

Ndakabva ndanzwa mumwoyo mangu kuti Obi aifanira kuonana naPraxie, ndiko kuti ndinzwe zvakanaka nokuti vose vakanga vari mabhandi makuru omwoyo wangu. Mudiwa Praxie aiva akatsonga zvake pamhumhu asi akatsiga sehunde yomuti mukuru pachimiro nezviito. Ndangariro dzandichiri kuyeuka dzokutanga ndichiri muduku; ndakasimudza maoko angu ndiri mubhavhu mandaigezeswa, Praxie achibva anditambira nokundisimudza achindiputira netauro. Kana Mai vaine kwavaienda panguva dzeusiku, Praxie aibva agara panzvimbo yake pasi pakapeti mumba yokutandarira, akatambarara makumbo pamberi pake, akazendama nomusana pasofa, achiona TV asingatsukunyuki. Taigona kupembera nemba yose tichitamba toita rumwe rumwe tichienda kundozendama paari tiri vatatu toita murwi tichikotsira takakomba kamumvuri kake kadikidiki kanga kakagara kakati twasu. Zvino sezvineiwo nhasi ndakazvambarara pakapeti iye yakareyo ndichiridzira Tafi foni. 'Tafi? ndiPercy kuno. Sori nda…' asi Tafi akanga asina nguva yokupedza nokukumbirwa ruregerero. Kashoma kuti Tafi awane nguva. 'Handitambi nenguva,' ndiwo mattaurire aaizviita. Nhasi uno vanhu vaipa Tafi mari yokufambisa basa rake vakange vachimufambisa chamudzungururu. 'Aiishi, Percy! Vanhu avaka – hameno.' Tafi akanga akatyamadzwa. Tafi aigara akangokatyamadzwa. 'Vari kuda kundiuraya chete! Handisi kuseka!'

26

Ini ndaizvivaraidza ndichipfekera zvigunwe zvangu napasi petirauzi raObi tichida kunzwa kudziya kwaiita muviri wake.

Muchidimbu, Tafi akati varidzi vemari vaida mapikicha kuti vafare saka naizvozvo iye Tafi navaWanyika vakanga vachiuya kuzonditora nenguva dzenhanhatu mangwanani omusi waitevera kuti tigoenda kumaruwa kwataizoitira basa rake ndigonotora mapikicha acho.

'Ndokupi kwacho kwawati tiri kuenda, Tafi?' ndakabvunza kuti anyatsondijekesera.

'Tsh!' Tafi akaridza tsamwa. Ndaitova mumwewo muedzo kwaari, mumwe muchinjikwa chaiwo pamafudzi aTafi. Pamusoro pokunetswa nevemari dzavo akanga achisevenza norushamhu rweshaveshave yomusikana wamakumi maviri amakore namakore mana asingateereri zvaanenge audzwa!

'KwaMurehwa, nhai, Percy! KwaMurehwa kubasa riya rokuona nezvemibatanidzwa yezvekubudirira kwemumaruwa!'

'Okei... Okei, Murehwa, ndazvinzwa. Ko, zvinoita here kuti tiendewo here naObi?' Zvakanga zvichizondinetsa kuti ndigozvikatanura kubva paari ndichibuda muguta ndisinaye. Kubvira pakanga papfigwa yunivhesiti mushure mokugunun'una kukuru kwakanga kwaitika, Obi akanga asisina zvokuita kunze kwekungogara neni. Takanga tisingasiyani zuva nezuva. Tafi akangobvumirawo zvechirango achibva adzima foni.

Mhamha vaitaridzika sapane zvavaifunga. 'Murehwa,' vakadzokorora zita iri sokunonzi yaivewo imwe nyika iri kure kure. Izvozvo zvichigona kuva zvaiva zvechokwadi kwavari – nokuti, ko, handiti kwakanga kusina mitambo yavaiziva yakaita sepolo kana kunoraura hove munzizi kana munyanza, kana, mitambo yokuratidza maruva kumaruwa okwaMurewa kwacho ikoko? 'Ehe. Ndiko kunogara Praxie, ndinofunga.' Vakanyemwerera vakatarisa Obi neni. 'Kana ndikadzidhindisa nhasi masikati ano imimi muri vaviri ndimi mungatonondisvitsirawo tsamba yeKirisimisi iyi kuna Praxie, zvamuri kuendako.'

***

'Chandisiri kunyatsonzwisisa apa, Percy,' Obi akadaro mangwanani ezuva raitevera tigere pavharanda takamirira kutakurwa, 'ndechokuti sei usingazivi panzvimbo panogara Praxie. Handiti ndiye akakurera kukura kwako kwese?'

27

Waiva mubvunzo usina kuipa. Asika zvaindinetsa kuzvitsanangura. Pahupwere hwangu hwese Praxie aigara akavharirwa seri kwedanda iro romuti wamaruva kumucheto kweyadhi yedu, kudzimba kwaigara vashandi. Akanga achingovako. Akanga asingadi adhiresi. Ndaiiti kana ndatumwa kundomudaidza, ndaisekerera ndichipinda pamusuo pake, ndodongorera mumba make. Maiva makasvibirira, muchitonhorera nokunhuhwirira mweya wesipo yeLifebuoy nowamashitibhedha akanaiwa, muchinhuhwira mweya weparafini yaaishandisa murambi rake nomukachitofu kaivamo. Asiwo mumba make, uye aiti akapinda mumba make chete, Praxie aibvisa chikepi chake chebasa chichena chaiita sechounesi, apa ndipo pandaiona vhudzi rake pamwe ndichiona achiritipura-tipura kuritwasanudza nekamu yemuti yaiva neminzwa mirefurefu, obva aribhabhadzira kuti rinyatsoti fatata rakaenzana rose mumusoro make.

Padyo nomusuo paive neBhaiberi raPraxie nerambi zvaive patafura yaiva yakafukidzwa nomucheka une maruva waibva wati gubvururu wakavhara tafura yose kusvika pasi. Pamusorosoro petafura pakanga pakaturikwa muchinjikwa, ukowo kukona uko padyo nomubhedha kuine mapikicha mashomanene aiva mumafurema asi asinganyatsoonekwi mukachidima-dima kaivamo mumba umu. Ndiichiri kuyeuka kuti pandaive ndichiri mudiki kanenge kaviri kese, Praxie akanga andisimudzira kuti ndinyatsoona mapikicha aikoshesa – aiva atorerwa mumba yokutorera mufananidzo achiratidzwa ruvara, ruchena norutema chete, asi iye Praxie akadzvokora kwatiri namamwe akange asvibirira nokuchembera ari avabereki vake, vakange vakachena vasinganyemwereri. Kochizouyawo pikicha imwe chete yangu.

'Praxie aiva akaturika pikicha yangu ndichiri mwana mumba make.' Ndakaudza Obi, ndichirangarira.

'Asi iye zvino hauchazivi kwaanogara nhai?' akabvunza Obi.

'Chete kungoti paakadzokera kumusha kwake aregera basa pano aipota achitishanyira achizotiona kana apinda mutawundi.' Zvakandinetsa kutsanangura asi nyangwe iye Obi aitozviona kuti pakanga pasina zvandaitaura apa.

Obi akabva anyarara. Zvaimurwadza, ndakazviona, kuti afunge kuti ndaiva munhu asina hanyn'a. Regai zvinzi muchena muchena chete.

Pfungwa yokuti Obi aigona kundifungira zvakadaro yakandin'en'ena. Takagara pamusuo ipapo tiri padivi napadivi takatarisa maruva aikura mugadheni mamai vangu. Praxie ndaimuda, ndaitoda kuudza Obi kudaro, kusamuona kwandaiita hazvaireva kuti ndakange ndisingamufariri. Kutonhora kwapasamendi patakanga tigere kwakandisvika pamwoyo. Praxie akanga aenda, kuenda zvachose. Izvi zvakanga zvisati zvanyura mupfungwa dzangu, ndakanga ndisati ndambozvibata nenzira iyi: kuenda zvachose. Ndakamuona, mupfungwa mangu, ava kuenda — achibva necheseri kwemba uko akapfeka nyufomu yokuchechi kwake yaiva namavara matema nematsvuku, akatakura bhokisi rake, achipfuura naipo pano pavharanda apa, achidzika nenzira yaibuda nemota, achibuda pagedhe, uyo ava kufamba achidzika nomugwagwa mukuru womuguta une miti yakapfumvutiira mudenga, ari kuenda kundokwira rifiti yaPeugeot yainge yakazara kuti pamu kuti apinde muguta umo aizondobata bhazi rokuenda kumusha kwake kumaruwa. Hoyo, aenda, haachadzoki. Uyo ari kunyangarikira mumaruwa enzvimbo yokwaMurehwa, hamenowo ikoko uko murunzanzanza rwemisha isingaperi netumapurazi tudiki. Mupfungwa mangu ndaiona zviuru nezviuru zvavakadzi vakuru vakasunga misoro yavo namadhuku saPraxie vachirima muminda yavo kuti vachengete vazukuru, vana vevana vavo vaiva navabereki vakanga vachishanda mumataundi. Koo, hauchambouyiwo here muguta? Pamwe zvichaita pamwe zvicharamba, hamheno. Kumbodongorerawo zvako mhuri yokwa van Heerden? Ko inini pachangu haudi kuzondionawo here?.. Pamwe zvichaita, pamwe zvicharamba, hameno. Zvose zvakanga zvava kwaari, iye Praxie. Zuva rakanga richiuya napamusoro pehozi rakanga rava kunditosvora. Ndakasveerera kuchibhegi changu ndokutora magogorosi angu ezuva. Ndakambobira kutarisa Obi. Akanga ari zi-i, akanyura mundangariro dzake.

Chiripo apa, ndakadaro mupfungwa mangu, chiripo apa ndechokuti ini naObi tinonyatsowirirana. Hapana zvinotinetsa zvinobva mativi — sezvakangoita mapikicha, anoonesa zviri kunze uko, zvose zviri paburi rinotariswa naro racho. Zvakangoitikawo kuti tisangane panguva dzino dzakadzvongama murungano rwenyika ino, zvino zvava kunzi rudo rwedu ngaruzvuvane nomukwende wezvakakanganiswa pakatoreranwa nyika nokutongeswa? Ndakaudza Obi zvandaifunga izvi.

29

Akangonyemwerera chete, achiita seaitonhorwa. Saka ndakamuitira kamutambo – kuti anyatsoonesesa: ndakatanga kufamba somunhu ane ngetani mumakumbo, iro saga rangu randaiziva, rainditadzisa kutamba, richindidzosera mumashure, raiva mufananidzo uri pachena wenhaka yandakasiyirwawo novokwangu, nhaka isisabatsiri panguva dzino. Obi akanditarisa ndichiita zvandaiita nokutaura zvandaitaura, asi haana kana kumboseka.

Pakarepo chivhani cheToyota Hilux yebasa rataiitwa naTafi chakabva chatiwo pfacha kusvika. Munhu aiidhiraivha wacho, Josia Wenyika, akanga asingatombodi kuonekwa zvake naTafi – 'Vanonzi va – wazvinzwa? – vaWenyika', ndakanyatsoudza Obi, 'usazovadeedzera uchiti Josiah!' Tafi akanga akagara kune rimwe divi pasiti yapasenja, mwana waTafi, Nokuthula, agere pakati pavo. Musi uyu mureri waNokuthula akanga arovha basa. Vatatu ava havasi ivo vega vaiva mumota. Pandakati regai ndikande chibhegi changu kumashure kwemota kwandaisichikanda ndakaona – hezvo – pane mukweshwa wembudzi yaingomemedzeka ichitaridza kusafara zvikuru yakasungirwa pamudhuri wemota. Pakange paine karwizi kemvura yakatsvukuruka kakanga kachieredza nokumucheto kweuriri hwemota shure ikoko, saka ndakazoramba ndakabatirira pachisaga changu patakakwira tichigara pasiti yokumashure.

Takakwazisana tose netsika yavaShona:

'Makadii?'

'Tiripo kana muripowo?'

'Tiripo.'

Obi akakwazisawo vaWanyika achichenjera kusasheedza kuti 'Josiah', akabva atenda Tafi kuti akamubvumira kuti auyewo parwendo urwu. Vose vakabatana mukuremeredzana zvakafadza vose. 'Ko, unotendei, handiti unogona kutotibatsirawo nerimwe basa zvikatirerukira?' Tafi akadaira Obi. 'Unogona kusara mumota naNokuthula ini naPercy tichiongorora *project* iyi.'

'Kana kuti ndinotakura zvangu Nokuthula paanenge aneta nokufamba,' Obi akaedza kurerutsa nyaya. 'Hauoni kuti kana tikadai neniwo ndinogona kutenderera ndichionawo *project* pamwe nemi?'

Nokuthula akapfugama pasiti yemberi achinyemwerera akatarisa shure kwandaiva naObi. Anenge aifarira zano rakange rauya naObi.

30

Asi Tafi akati aiwa, kwete, paiva nezvimwe zvikonzero zvaiita kuti Noku asashanyire mumaruwa. 'Ugozomuudza pava paya, Percy!' Tafi akandiudza.

Handina kuona ndichizokwanisa kuzviita nyangwe dai Obi aizenge anyevenuka pane zvakange zvamboitika zvikamushungurudza, oda kutaudzana nei. Hongu pandiri pano ndiri munhu angatokwanisa kutsanangurira Obi nezvomunyika muno sezvo ndakati gumbo mumba gumbo panze panyaya yokuti ndiri muchena asi ndakarerekera kuvatema, zvinoita kuti ndibve ndaita atingangoti sahwira wokure kana kuti mubvakure womumba. Pandakatanga kuonana naTafi kokutanga, vanhu vomuno vachangowana kuzvitonga tese tiri vaviri takanga tichangobuda muusungwa hwetsika nenzira dzatakanga takudzwa nadzo. Ini ndakanga ndakurira mutsika iya yechechi yeIngirandi yokuti unonomedurirana kachidimbu kechingwa chine manyuchi nomufundisi waMwari mapedza munamato wemangwanani (sezvineiwo kuchechi uku ndiko kwaibvumirwa Mai kupfeka heti pasina anoti chii.) Uyuwo Tafi akanga akurira muchechi pamwe chete nomumasvikiro – chechi mutaundi, n'anga kumusha kumaruwa – zvino akanga azvipira kuti Nokuthula achakurira mudhorobha – muChirungu – asambosvika padyo namasimba engozi namasvikiro. 'Hapana kuridza ngoma, hapana zvemidzimu, hapana n'nga, hapana mushonga kwete!' Ndizvo zvaaida. Senge dunhu remweya.

Tafi akatendeuka ndokutanga kubhadhanura magwaro aiva mune rimwe ramabhegi aive akawanda. Ndaizviziva kuti kana achinge angowana chete zvaaitsvaka taizongoona ripoti yava pamabvi ake achibharabhada nokukasika achiita seasiri kunzwa kuvhundutsirwa kwaiitwa motokari navaWenyika setsika yavo yokudhiraivha (izvozvo vanenge vachitambisa tsoka yavo pasenareta munzvimbo yokungotsika kamwe chete).

Hapana munhu akanga ati ataura nezvembudzi yaiva mumota iyi saka ndakati regai ndibvunze. 'Ko mbudzi iri kumashure uko ndeyeiko, Tafi?'

Tafi akatendeukira kwandiri ndokungonditarisa chete achikwidza tsiye dzapamusoro pemaziso ake. Hapana chaakataura. Zvakanga zvoita sezvoda kutyisa.

Panguva iyoyo ndipo Obi akasvitsa ruoko rwake musamba yangu ndokuburitsa tsamba iya yaMai van Heerden yeKirisimusi.

31

Akainerekedza napamusoro pesiti kuna Tafi. Ndinofunga akanga aiisa imomo ndisingaoni achizoda kundishamisa oiburitsa ini ndisati ndamutangira kutaura. 'Percy ari kuda kuonana nomumwe munhu anonzi Praxides iko kwaMurewa uku', Obi akaudza Tafi, 'kuti agomupa kadhi reKirisimasi iri.'

'Murehwa inzvimbo huru chaizvo Obi,' Tafi akadaro achiedza kuzvibata zvaaisasimboita ndokuti, 'Papi pacho kwaMurehwa?'

'Percy haakuzivi,' Obi akadaro izwi rake roita serinosungika.

'Ndinofanira kunotsvaga,' ndakadaro, ndichibva ndazvisungira ipapo kuti ndizvo zvandaizoita.

'Tinogona kungobvunza-bvunza,' Tafi akadaro. 'Anonzi Praxides ani zviya?'

Ndakaunyanidza kumeso kwangu kuita sezvinonzi zita rake rose rairambira parurimi. Asi ndakatadza kufurira Obi. Akanditambidza chisamba changu (chandakanga ndodaidza kuti mukwende woupambinyika' – asi zvakanga zvisisasekesi zvino) achibva atendeuka otarisa panze napahwindo.Takanga tava kubuda kubva muguta zvino. VaWanyika vakawedzera mafuta muumveesanwa hwemuguta, vachipinda nokubuda neseri kwamabhazi nedzimwe mota. Kana ari mabhasikoro nevanhu vetsoka, vaWanyika vakanga vasingavaoni. Pamberi pedu paiva nechirori chakashama mumashure, madzimai aivamo akanga akavhara kumeso kwavo nemazambiya kuti varege kufema mweya wamazitsvina nechiutsi chaibva muinjini dzemota.

Ndakaedza kuvhundunyura zita ravabereki vaPraxie mundangariro dzangu asi hapana chakabuda. Ndaingoona chiso chake iye Praki chete chichityisa kutarisa. Praxie naMhamha vaiita savakanga vazvarwa vachingova madzisahwira. Vakanga vasingadi kuyeuka zvamangamanga kana kuita dambe. Ndirikuyeuka ndichivaona vari vaviri vachikurukura, madhamu vakapfeka mutirauzi wekaki nzwara dzakapendwa nemushonga weruvara rwamaranjisi, uyuwo neni ari munyufomu yake yejamba rainga dzvuku neapuroni chena nechiheti vachigutsurira nokubvumirana kuti ndambakuudzwa yomukomana yaifanira kurambidzwa kuona terevhizheni, mushure mokunge yataurirwa kanokwana kechimakumi maviri nakashanu kuti asakwire pamusoro pemba. Asiwozve paiva nenguva yokuti idzo dzamaidzaidambuka, Praki aititora isu tose nehanzwadzi dzangu otigumbatira mumaoko ake achitibvisa kubva munzira yemheni izvozvo Mhamha vachidhinda pasi mukoridho kuri kufamba, vanonoka kubasa zvino, vachidaidzira zvaifanira kuitwa nehasha vachiita savachaputika. Ndipo Praki aingoti, 'Uyai kuno, vanangu.' Mudungwe wamaScania akanga akananga kwatiri wakambovhiringidza vaWanyika pakupinda nokubuda kwavaiita saka takambozvuva nguva tiri mushure meziIsuzu rakasakara rainanaira rakaremerwa nomutoro waro wenhungamakore dzamakabichi arakanga rakatakura asi richingoramba riri pakati pomugwagwa chete.

Ipapo ndakashuwa kuti dai ndaimbodyunga Obi kuti atarise aone zvakanga zvakaita marunda eshaya dzavaWanyika apo vaitsenga-tsenga nokuruma mazino avo nekusvotwa. Asi, nyangwe akanga agere zvake padivi pangu pasiti imwe chete kudaro, Obi akange ari kure kure. Ndakazeza kuti ndifunge kuti aironga zvipi. Kundida kwaaindi-ita ini uku (ini, mwana womupambinyika ainzi akapandukira rudzi) kwaigorevei tichitarisa mapesaniro ezvinhu? Iyewo aiva notwakewo twaitomunetsa nokwaaibva nako paunhu hwake: akanga ari munhu wokuWest Afrika achivewo muBritish akamedza madhigirii asi pari zvino ari muZimbabwe. Ngatitorei iye naTafi tione. Kuna Tafi, Obi uyu aingovawo Obiwo mubvakure wokunyika seri kwenyeredzi, fanika Star Wars – zvakanga zvisinei naye Tafi izvo. Kuti Star Wars kutoenda kure, namaonereo aiita Tafi, munhu wese aibva kumusoro uko ku-darika Chinhoi chete aiva benzi romubvakure.

Nokuthula akadongorera napamusoro pesiti kuti aone kana takanga tichiriko kusiti yomumashure.

'Pethi!' izwi rakashevedza napaburi pakanga pabva mazino maviri mukanwa make. 'Uri mukomana here kana kuti muthikana?'

'Ndiri musikana, Noku. Inga unozviziva wani.'

'Ko, thei Pethi, kana uri muthikana, thei uchigara wakapfeka muti-rauthi?'

'Ko, inga iwe uri musikana wani, Nokuthula, asi wakapfeka muti-rauzi.'

'Ish! Pethi! Hausi mutirauthi uyu! Ijini!'

VaWanyika vakatanga kuridza nziyo dzaPatsy Chine(Patsy Cline?) dzine mukurumbira kwazvo asi kaseti yacho yakanga yakatsva zvekuti Tafi akabva aibvisa isati yatomboenda kupi tichibva tangofamba zvedu murunyararo tobuda mutaundi tichiteedza mugwagwa waipfuura nekusina dzimba kuine miti yakanga ichingopfumvura nemvura yokutanga yakanga yanaya. Nguva nenguva tainzwa mbudzi iya ichichema shure kwedu. Ndakasunga shaya dzangu savaWanyika ndichiti nechomumwoyo dai mbudzi iyi yanga yagara yapedziswa zvayo yarongedzwa tisati tasimuka. Vamwe vangangokaona sekatsika kokurwara kwomwana womuchena ane mari kasina maturo asi handina shungu dzokuvigira mumwe munhu chikafu chokupemberera mabiko ake chiri chipenyu chichichema nokutambura chiri kubhutu kwemota yataifamba nayo. Takatanga kumira paRural District Council apoTafi aiva nomusangano. Zvinenge zvaingova zvokunzwisana nokuonana – fambisiro inoenderana nezvomatongerwo enyika, zvisinei nomutori wemifananidzo. Ndakaona kuti ndakakanganisa nekunyatsobatisisa zvakanga zvataurwa naTafi pafoni maererano nezvorwendo urwu. Takanga tichida kuita chii chaizvo? Ndakanga ndakanganwa kuti zvinhu zvaigona kuminama muurongwa hwenzendo dzaTafi mumaruwa.

VaWanyika vakamisa Hilux pasi pamazipazi omuzhanje waivapo, Tafi achibva apinda mumahofisi. Ndakabuda mumota, ndokupota shure ndondodongorera kuti mbudzi yedu yainge yakadii.

'Uhwu ndihwo utsinye chaihwo uhwu,' Obi akadaro amire padivi pangu. 'Mberi kwemota ndiko kuri mumumvuri asi mbudzi ichikaura nezuva shure kuno.' Akanga ataura izvo chaizvo zvaiva mupfungwa mangu. Asi ndakanga ndisiri kunzwa zvakanaka, ndakamanikidzikana. Kusuwa kwakanga kwandibata mangwanani iwayo kwakanga kwakandigara pahuro pangu. Ndainzwa sendaida kuchema, saka pandakaona Obi otora danho iri, ndakaita hwechana chiduku chaihwo: sokuti handidi kutamba newe.

'Ndinozviziva,' ndakadaro zvamatandanyadzi. 'Zvinozorwadza. Inga zvekodzero dzemhuka zvinogarotaurwa wani. Asi kuna vanavaWanyika, mhuka chikafu chete.

Obi akasuduruka, maoko ari mudenga seanoti 'Usandipfure! Ndingati chiiwo ini? Ndiweka mazvikokota, Percy.'

Tafi akabuda kubva mumahofisi achiperekedzwa navamwe baba vatete, vakanga vakapfeka sutu yomunhu muhombe kwavari. Tafi

34

akatiudza kuti akanga ava kusara ipapa asi isu tichimbopfuurira kunopereka zvinhu zvakamirira projoct togozodzoka hedu pakare kuzomutora.

'Ndinoda kusara naMhamha,' Noku akadaro achisiya ini naObi totoitirana katsimba kokuti aizogara kumberi ndiani – mumwe akati, 'Gara hako iwe,' mumwe woti, 'Aiwa, gara iwe' – dakara vaWanyika vakazhambidza injini ndipo pandakazopinda ndondogara panzvimbo yaTafi, ndokukwatidza kuvhara dhoo remota ndokugara panzvimbo yaTafi ndakatarisa mberi. Ndakasimudzira Noku ruoko apo vaWanyika vaiita ruvhesi. Tava kuenda, Tafi akabata ruoko rwaNoku ndokubva vapfuura napasi pomureza wakanga wakarembera sowakaneta, vokwira namatanho ekongiri vachipinda muimba yekanzuru yaiva yakavakwa nezvidhinha zvitsvuku. Mapendekete aTafi akanga akaremerwa nomukwende wake – bhasikiti rakanga rarukwa kuKenya, mabhegi oumbozha maviri – zvose izvi zvakazvimbirwa namapepa.

Pava paya vaWanyika vakabuda mukamugwagwa ketara vopinda mujecha. Ndinofunga mataifamba namo umu nyika yakaramba yakangosvibira noupenyu hwemvura itsva iyi, handina kunge ndichizvicherechedza. Takafamba kwenguva refu pasina anotaura ndokuzongokaruka vaWanyika vabopa mabhureki emota zvenharo. Hilux ikambozvonyongoka sehove iri pachirauro vaWanyika vasati vaimisa kuti ndii zvokutibura chamupupuri chehuruva: uku ndiko kumisa motokari kwavaiwanzoita kana Tafi asipo. Ndisinei nomutemo waiti tisanetse kana kutuka vaWanyika, ndakapopota nezwi raiva pamusorosoro ndobva ndanzwa kuti bi, apa izwi dema rinotuka reChirungu rakasvetuka kubva mukanwa maObi shure kwangu apo akasimudzwa nokujitwa pasiti pakare zvaityora mbabvu. Vasina kana kumboita savatinzwa, kuita zvavo sapasina zvavaita vaWanyika vakazarura gonhi rokudivi kwavo huruva hobvu ichibva yati mumota nomukanwa medu kubvu, kuzara zvayo mumota yese. 'Musabude mumota,' vaWanyika vakatiudza. 'Ndiri kudzoka zvino zvino.' Vakabva vatatanyara vachienda nomakumbo avo marefu vachifamba zvaiva nechiremera.

Obi neni takabuda kubva mumota maitonhodzwa nomuchina weToyota topinda muzuva raigocha kupisa. Nyenze dzainjiririka musango dzaiita sedziri munzeve dzangu mushure mokumira kutinhira

35

kweinjini. Kubva mubhutu reHilux mbudzi yakachema noupenyu hwayo hwedambudziko raiita serisingaperi. Obi akaita saanochenama achinanzvira mazino ake.

'Chokwadi chinorwadza sokurumira pakatombo uchiti uri kutsenga nyama, Percy,' akadaro. Ndakangonyemwererawo zviya zvomunhu asati oziva paamire.

Hilux yedu yakanga yamiswa padivi pechitumbu chedzimwe motokari dzairatidza kuti nyangwe zvadzo dzakanga dzakazara huruva dzakanga dzisingagari mumaruwa namanakiro adzo. Ndakazvibvunza kuti ko, iwo madhiraivha manomwe ainge masere emota dzakadai idzi aitsvagei kuno, uye iko kuno kwacho kwaiva kupi zvakunenge kwaingovawo pasango mukamugwagwa komumaruwa. Chawaitarisira kusangana nacho kuno uku zvaiva zvikochikari zvamadhongi, mugweje wechirori chimwe chete mudunhu rese, kana bhazi raipota richiti dhodhodhodho richipfuura kaviri pazuva richimhanya rakatsveyema sembwa yarohwa musana iyo huta ichimbiriridzwa zvapamuchato chaizvo. Ndizvo zvawaitarisira kuona kwakadai kuno uku – kwete zakwatira ramaToyota namaMazda namaPeugeot. Hapana chaishaikwa mumutunhu wose chawaiti chingagona kukoka motokari dzembozha idzi. Uchidzikisa maziso ako nomugwagwa waiona raini remisha ine dzimba dzomutenderedzwa dzakapfurirwa nouswa pachinyakare, koita matanga emombe mutumapindu twaiva twakasvibira nechibage chiduku – mberi kwacho panenge pakati kwirirei mukati memiti paiva nomudhadhadha wedzimba dzechikoro dzaiva noruvara serwedenga.

Kubva nokunzira kwakange kwaenda navaWanyika, takaona majaya maviri echidiki achiuya vaiva vakatetepera, vakasimba tsapfu dzavo dzine nyama dzakusungana vasina chakapfekwa kutsoka. Pavakandiona vakanyemwerera – muchena kuno, arasika? – vachibva vaimba pamwe chete, 'How are you?' nekaChirungu kainge kanzi wedzerwei kuti ndishamisike. Izvi ndizvo zvandakanga ndisiri kuda zvangu, kunyanya pamusi uyu, panguva dzandaiva idzi.

'Makadii zvenyu?' ndakavakwazisa neShona ndakatsiga zvine tsika.

'Tiripo zvedu kana muripowo.'

'Tiripo.'

Asi zvakanga zvisingarevi kuti ndaifara ipapa. Mumwe wavo akatsanangura, namaoko, kuti vaWanyika vakanga vavatuma kuti vazotora mbudzi. Mumwe wacho ndiye akatambanudza ruoko rwake kuti agwinhane naObi. 'E, mukoma,' akadaro – apa ndipo pakabva paperera chiShona chaizivikanwa namukoma wacho! Asi munin'ina uyu aida kunzwa, nechiShona, kuti Obi aitsvagei kuno nomurungu uyu. Asi murungu wacho ndiye akazoita basa rokunyinura- nyinura zvisina shumo. Hapana zvakanyanya zvandakataura – 'Anobva kuEngland' ndakangotatarikawo ndichidaro nokuti kana neniwo Shona yangu yakanga ichiri yokukwereta – asi nyangwe zvakanga zvakadaro, Obi haana kufara nazvo.

'*This is nuts Percy,*' akadaro, achivava apo vakomana vaya vakanga vachisimudza mbudzi iyo yaingomerezeka kuchema kubva mumota. 'Tiri kusvika riniko takangomira muhuruva muno pasina zvatiri kuita? Kumbotenderera-tenderera kwese uku ndokwei? Tadii kungobva tauya nemota yako iwe taenda kuri kuitirwa basa kwacho tanotora zvimifananidzo zvacho zviri kudikanwa?'

Ndakaona saaiva nenyaya ine musoro. (Asi vakomana ava vaiona nyaya yake isina kunaka. '*Nuts, Percy,*' mumwe wacho akateedzera nekahasha zvakanga zvataurwa naObi apo vaipinza rutanda napakati pamakumbo embudzi akanga asungwa kuti vanyatsoitakura, iyo ichizhamba nokumemedza.)

'Handizvo zvinoitwa kuno Obi,' ndakamuudza chokwadi. 'Handingaoneki ndongosvikozvipinza mumabasa emumaruwa aya, iniwo zvangu. Ndinotoda kutanga ndaziviswa kuvaridzi navagari venzvimbo nomunhu akaita saTafi wavanoziva nechekare uye wavanovimba naye.'

'Ho-o saka izvozvo ndizvo zviri kukutadzisa kutsvaga Praxie, nhai?' Akanga anditeya, ndikati regai ndione. 'Obi, Obi, uku ndiko ku..'

Akanga andinyangira kwakunyatsonditema panhongonya chaipo. Kutuka munhu nourema hwake.

'Iwe, iwe!' ndakamuudza, 'unongoti zvawafunga ndizvozvo, hauchinji zvaunenge waona saizvozvo. Unongoti zvinhu zvose ngazvishande sokurongwa kwazvinenge zvaitwa, ngazvitevedzere nguva. Sechitima cha 8.23 choku – hameno – Woking, Stopford-on-Plimsole kana kuti yokupiwa zvayo, hamheno. Manje kuno zvakasiyana.'

Vakomana vaye vakati vawana basa zvino, sandi kunakidzwa ikoko. Obi akavacheukira mbijana ndokubva andibvunza kuti ndingade here kuvatevera kundotsvaga vaWanyika.

'Handidi!' ndakadaro, ndaida kuti tipedzerane nyaya yedu. Mukomana wangu wandakanga ndoziva zvinonakidza akasununguka akanga aenda nekupiko? Ndaida kuti adzoke. Ndaida kuti ndidzokere shure ndirege kumugumbura. Kuti ndizive ndigobvunza zita raPraxie rizere zvose nokwaaigara, ndigotora Obi ndoenda naye kundomuona. Ndaida…

'Bva ndokuona mbaimbai,' Obi akadaro. Akakanda tsamba yeKirisimisi yemhuri yokwa van Heerden mumaoko angu achibva okanda tsoka achitevera vakomana vaya nembudzi iya ichingomemedza yakatarisa mudenga yakarembera pabango ravakanga vakatsigana pamafudzi avo.

'Pamwe zviri nani kuti usare mumota,' Obi akadaidzira ava kokoko, asingacheuki.

Vakabva vanyangarika, vavigwa nouswa unyoro urefu hwenguva yezhizha nedondo rakapfumvura. Vachindisiya ndiri paHilux nechisamba changu, 'mukwende wangu woupambepfumi'. Zvimwe munotanga muchiita zvokuseka zvichizopedzisira zvava zvechokwadika, ndakafunga kudaro ndichibva ndakanda chisamba chacho papfudzi. Mushure mekuwana kuzvitonga kuzere, dzimwe shasha dzakatumidza imbwa yadzo chena kuti 'Ian Smith,' iyowo yaiva nhema ikanzi 'Abel Muzorewa'. Izvi zvaiva zvinhu zvainakidza panguva idzodzo. Kuzoti mumwe musi paiva nepati paigochwa nyama, Smith yakamedza chilli zvokuti vanhu vese vaiseka kufanana kwazvakanga zvakaita – 'E, Smith, wabvambura yausingagoni kumedza!' vachiramba vachingoseka vachidaro zvokuti vakapedzisira vakanganwa kuti 'Smith' wavaiseka uyu yaiva imbwa yapamba apa kwete uyu wokupedzisira kutonga nyika yeRhodesia.

'Wazvionaka, van Heerden?' ndakazvitsiura. 'Nhambetambe inoregwa ichanaka – zvino ava kurwadziwa ndiani?' Ndakasabvura zivhiri reHilux rakanga risinei neni negumbo rangu. Ndaida kuti nditi Obi ndiye ari kukanganisa. 'Imbwa yomubvakure!' ndakaedza kushatirwa kwomunhu akanganisirwa zvikuru. Chokwadi chaiwapo ndechokuti ndaizviziva kuti akanga asina chaakanganisa. Saka kumumirira, nyangwe zvako kwaiva kumirira kuti ndizokumbira ruregerero, ndakaona zvisingaiti. Ndakatsokera bhegi rekamera yangu pasi pesiti yemota ndokukiya Hilux ndichibva ndati munzira gwe-e. Hapana zvandaikwanisa kunyatsoona nouswa hwaiva kumativi ese anzira asi zvairatidza kuti yaiva nzira yaigarofambwa nayo. Nyangwe ani zvake aiva dandara pakuti oenda nokupi sezvandakanga ndaita ini pakadai apa, haaimborasikawo. Tambo dzomukwende wangu dzakanga dzorwadza munyama dzamapfudzi angu. Dai ndaida kunzwanana naObi – chinova chinhu chandaida zvikuru – ndaitofanira kuita zvaidarika kungogaroshora 'mukwende wangu wekwandakabva nako.' Nzira iye yakagumira pagedhe. Ndakambodongorera kwechinguva zvishoma (nyangwe zvazvo ndakanga ndisingateereri yambiro iya inoti 'tarisa usati wasvetuka'.) Pekutanga, hapana chandakaona chaishamisira. Nhambwe shomanana kubva pagedhe pasi pemuti yemimango yakanga yaunyana nokuchembera, pakanga paine harabwa nhatu dzigere pazvituro dzichitambidzana mukombe wedoro rakanga riri mumugoro waiva pakati pavo. Mberi kwavo hapana chandaiona chaifamba kudzimba dzouswa dzemitenderedzwa dzaiva kuno mumwe mucheto wengwangwadza reyadhi iyi. Kana Obi handina kumuona. Panze padyo neimba yokubikira paiva namadzimai echidiki aibatsirana kubika sadza mumazibhodho aiva pachoto. Nechokure zvishoma ndakanzwa kukakarara kwakandiudza kuti mbudzi iya yakanga yava kuoneka nyika. Zvimwe ndiko kwaiva naObi achidzidzawo kuvhiya mbudzi – chikafu. Mwana wavaridzi nhasi! Ko, akakuvadzwa? Anogona kungorutsa.

Ndakadaidzira kuti, 'Gogogoi!' ndiri pamusuwo. Pakaita sepakanga pasina aindinzwa nyangwe zvazvo ndakanga ndisisanzwi kuchema kwembudzi iya… ndakangoti dai kwangoitawo mudzimu wanzwa kazwi kangu kechisikana kechichena wandiregerera kupinda kwandakaita ndisina anditi pinda. Ndava mukati ndakananga kwaiva navakuru vaya vainwa doro. Ndakasvikopfugama ndokububudza kuombera maoko setsika yavo ndichivakwazisa. (Amai vakanga vambozama kutidzidzisa tsika dzakanaka pataikura nyangwe zvazvo dzavo tsika dzakanga dzisiri dzorudzi urwu.)

'Makadini zvenyu vana sekuru?'

'Tiripo wakadiiwo iwe, zimhandara?'

'Ndiripo zvangu.'

Ndakabva ndabata gokora rangu norudyi noruboshwe ndogwesha

namabvi ndichivakwazisa vose. Maoko avo aimara, maziso avo achinge ane madzengerere nedoro ravainwa, asi achivaima nounyoro hune kunzwisisa. Mumwe wavanasorojena ava akandivhunza kana ndakanga ndafambira kuzoona asekuru – n'anga. Akarerekera musoro wake nechokudivi reyadhi kwakanga kwakati hunderere uko ndakanga ndisina kucherechedza chaiva mumiti yemipuranga ndikaona kuti paiva nevanhu – vamwe vagere pamabhenji, vamwe pazvituro nevamwe pamaponde – vakazembera madziro ekamba kezvidhinha akanga asingaratidzike. Ndakashamiswa kuona vaWanyika vari mukati mavanhu ava. Kubva pandakanga ndiri, ndakaona vakatarisa maoko avo akanga akanzi koche.

Pakarepo, mashura angu, ndakaona mupurisa – mupurisa chaiye! Akapfeka nyufomu yake yebasa akapakatira pfuti yeAK achibva neseri kweimwe imba (Mukati mesango muno – ari kutsvagei?). Akauya akananga kwandaiva ndiri. Ndakasimuka ndofamba kuti ndimuchingure. Hana yairova. Pfuti ndinozodzitya. (Obi haanyatsozvizivisisi kuti ini ndakakurira munyika mairwisanwa asi ndipo pandakanga ndisina zvandinoziva nezvezvombo zvokurwisa. Handisati ndoda zvangu kuziva nezvazvo.).

'Makadiiko, mukoma?', ndakabvunza mupurisa uya. Akangogutsurira musoro wake kamwe chete pasina chaakataura kureva kuti akanga aripo kana ndakanga ndiripowo.

'Ndiripo zvangu,' ndakadaro.

Hongu ndaivapo asi ndaitsvagei? Ndakamutsanangurira kuti ndakanga ndichishandira mubatanidzwa wokuona nezvokubudirira komumaruwa. Kunge aive nebasa nazvo. Ndakasimudza ruoko rwangu ndokwazisa vaWanyika vaive seri kwemupurisa uyu. VaWanyika vakange vandiona zvino vagere vakati twasu pachituro chavo vakanditarisa. 'OK,' mupurisa akadaro, achinge akange agutsikana kuti paiva nomunhu aindichengeta. Akanongedzera nzira nepfuti yake kuti ndipfuure.

VaWanyika havana kana kumbofadzwa napaduku pose kundiona. 'Ndakutaurira kuti usare muHilux,' vakandiudza nechiso chakasviba. 'Haubvumirwi kusvika kuno uku.' Vakandiudza kuti hapana munhu akanga avayambirawo kuti vakanga vasiri kuzosevenzera mukadzi mumwe chete chete asi kuti vakadzi vaviri vakanga vasingagoni kugara pasi.

40

'Kana kugarawo pasi bodo, mune maronda here?' Vakadzokorora, vachidzungudza musoro wavo.

'Mamboona Obi here?' ndakabvunza. Vakanongedzera nechokuseri kwemiti uko mbudzi dzaishandurwa kuitwa chikafu. Ndakachonjo-mara padivi pavaWanyika ndakatarisa kwandaifungira kuti ndiko kuchabuda nomukomana wangu. Ndisina kubvisa maziso angu kudivi kwakanga kwaenda Obi, ndakabvunza vaWanyika chatanga tafam-bira panzvimbo iyi.

'Ini ndinongoita zvandinenge ndanzi ndiite chete,' vaWanyika vakadaro vakasimudza maoko aiva zvichireva kuti 'Maoko angu akachena, ko unodei kwandiri?'

'Zvamunenge manzi muite naTafi here?' ndakabvunza ndichishamisika. 'Tafi ndiye akutumai kun'anga?'

'Ndatumwa,' vaWanyika vakadzokorora.

'Tafi anoenda kun'anga, nhai? ANOITA ZVEN'ANGA?'

Mukadzi akanga agere padyo navaWanyika akaita saanyangadzwa nezvandakanga ndataura achibva ati iyi yakanga isiri n'angawo zvayo – iyi (haana kundiudza zita resvikiro rembiri iri) yaizivikanwa mun-yika yose.

'Kana maminisita ehurumembe chaivo anouya pano kuzomu-vhunza,' avawo ndavamwe baba vaiva vakataura vachibvumira – ndokusaka paiva nomusoja ane pfuti akaichengeta, nhai? Inga zvakaoma. Ndinofunga anotyisa, kana naTafi wose achimutumira nembudzi ichiteerwa nechikumbiro. Izvi zvakabva zvakatsigirwa pamwe chete nokugutsurira kwemisoro navanhu vazhinji vaiva mu-rundaza rwokuona mudzimu uyu.

'Vanogona kubatsira here nezvenyaya dzorudo?' ndakabvunza.

'Aikazve, mwanangu!' mukadzi uya akaita saanokanuka. 'Hapana mumwe wokubvunza anodarika iyeyu!'

Izvi zvakabva zvabvumirwa navaWanyika vaiva wechitatu pakunopinda – vakabva vasimudza musoro kuti dzu. Vakadzi vaviri vechidiki vakabuda kubva mumba maiva nen'anga. Vaiva nevhudzi rakanyatsogadzirwa zvamazuva ano, vaine shangu dzezvidodoma zvirefu. Mumwe wavo akandiona achibva akwidza tsiye dzake.

'Ndanga ndisingazivi kuti arikutambira varungu mazuva ano,' akadaro.

Pakarepo gonhi rakazaruka vanhu vaivapo – vaWanyika vaiva we-
chitatu mumutsetse wokuonekwa – ndokubva vanyatsoswatudza mis-
ana vachitarisira mashoko – pakabva pabuda zvakare mumwe
mukadzi wechidiki, aitenge akanga achiri musikana zvake, asina
chinhu mutsoka, akamoneredza mucheka mutema pamapendekete
ake, somubatsiri, vhudzi rake dziri mhotsi dzinenge dzakamandanwa
nedhaka. Asingabvisi maziso ake ainge akatsvuka nemudzepete kubva
pandiri, musikana uyu akataura kuna vaWanyika ndokuti, 'Mbuya vari
kuda kuona uyu.'
'Vanoziva sei kuti ndiri pano?' ndakabvunza asi mubatsiri uya haana
kuita hany'a neni, avavo vaWanyika vachibva vandiudza kuti ndirege
kumupedzera nguva. Ndakabva ndakurumidza kutsanangurira vanga
vagara vari mumutsetse kuti ndakanga ndisingadi kuvapindira apa mu-
batsiri akabva atendeuka oenda. VaWanyika vakabva vandininira kuti
ndikurumidze kumutevera. Ndakamutevera. Asi kwaiva kungozvi-
manikidza nokuti ndaida kumirira kuuya kwaObi. Uyewo zvakare
ipapo ndakanzwa izwi raTafi mumusoro mangu richindiyambira.
Akambenge anditaurira nezvomunun'una wake uyo akanga ashanya
kumaruwa ndokudzokako aputika mapundu kumeso kwake kwose uye
asisagoni kutaura. Akanga aroyiwa kwaakanga ashanya.
'Saka wava kunzwisisaka, Percy,' Tafi akadaro, 'kuti sei ndisingadi
kuti Noku abude kubva mutaundi.' Munun'una waTafi uyu akanga
azorapwa neimwe n'anga mutaundi ndokuita zvakanaka. Ndakabata-
bata kumeso kwangu pandakadarika pamusuwo ndichipinda mumba
umu. Kwakanga kusina mapundu. Kuda aizobudawo zvawo ku-
mashure asi iye zvino kwakanga kusina.
Mumba macho mainhuhwa samakanga mapisirwa makwenzi.
Ndakakatanura ndotura mukwende wangu – zvainge zvisina tsika
kupindamo ndakabereka bhegi rangu – ndokumbomira pachitumbati
ndichiitira kuti maziso angu ajaire chirima rima chaivano. Zvinhu
zvakatanga kuonekwa zvishoma: minhenga netumicheka twezvuma
zvaive zvakaturikwa kubva mudenga remba. Hukwe dzetsanga ne-
micheka zvakanga zvakavhara madziro. Iyo n'anga yacho – aiva uno
mukadzi mutete murefu ati kurei – akanga akagara pabonde,
makumbo akatambarara mberi kwake rimwe rakanzi kadzva pamu-
soro perimwe napano pazviziso zvamakumbo ake, mumaoko no-

muhuro zvimwe zvichirezuka kubva panzeve dzake. Nyangwe zvazvo mumba umu makanga musina mahwindo, ndaiona mimvuri yaikandwa neshaya dzake. Ndakanga ndisingaoni maziso ake asi miromo yake, iyo yaidedera, ichireveteka, yakanga yakaumbwa zvaiyemurika, miromo yakazara yamarudzi omuAfrica. Ndizvo zvakanga zvakaita miromo yaPraxie. Zvinhu zvose zvaiva mumba umu zvaiva zveruvara rwerondo shava, zvakasvibira nokuoma, zvizere huruva, kunze kwetuvara-vara twakanga twongoonekwa mupfungwa dzomuoni chete twaiva mumicheka yakanga yatindivara nokubvuruvara, nokuvaima-vaima, pano neapo, kwamatombo ezvuma. Kuchizoita mavara azere − matsvuku, matema namachena. Ndakatora zifemo rakadzama romweya wechiutsi waivamo ndichizvishingisa kuti ndirege kuvhunduka kana kuvhumuka.

N'anga haina kuita hanyn'a neni. Yakanga yakatarisa mugirazi, raiva mumaoko raiva rine mhendero chena raunogona kungotengawo muchitoro chemishonga nezvokushambidzisa. Nechokudivi rakatarisana nayo, rumwe rukukwe rwakange rwakawaridzwa sorwakamirira kugarwa neni. Tsanga dzerukukwe dzakarira pandakagara pasi ndichitambarara nokupiyanisawo makumbo angu. Seri kwen'anga ndakaona mimwe micheka yakarembera, yakavharidzira makabati namasherefu aiva kumadziro kwemba. Pakona rimwe pakanga pakasimudzirwa mucheka zvishoma, ndakaona urongwa hwamabhodhoro emagirazi aiita seazere hutsi nekusachena, aine zvinhu zvitema zvisingazivikanwi zvaingonyimbirikamo.

Pava paya akatsveta chiringiriro chiya pasi asina kana kumbonditarisa ndokunhonga minhenga yenungu nemabhodhoro ebute akanga akarukirwa nezvuma achibva otanga kuzvironga parukukwe namaoko ake mahombe aiita saaiziva zvaaiita pachawo ega. Akasimudza chiringiriro chiya zvakare ndokufemera mweya wake pachiri, ndokupukuta girazi racho nomupendero womucheka waakanga akamonera. Musikana aibatsira uya akabva avhara musuo achidzinga kachiedza kashomako kaivemo zvokuti kubva ipapa ndakanga ndisisamuoni − ndaingomunzwa chete achienda pakona − apo ndakazongonzwa kobva madonhwe ekurira kwembira minwe yake ichidzikorenya. Kubva murima umo, ndakanzwa n'anga ichizamura nokuzamura. Yakazobva yadzvova.

Seiko n'anga dzichidzvova kana dzasvikirwa nomudzimu? Izvi ndizvo zvinhu Praxie aigona kuziva izvi. Ipapo ndakabva ndaita imwe shungu yakaoma yokuti dai ndaona Praxie ipapo, kumuona ipapo agere padivi pangu pabonde rimwe chetero, ndichida kunzwa ndakanyatsozemberana naye ndichimubvunza zvaunobva wanyatsonzwisisa.

'Nokuti mai vako vangapenge kuenda mudondo nokupopota, Percy, ndicho chikonzero chacho,' ndiko kwaiva kutaura kwake.

'Nokuti zvombo zvomukomana zvingazodonha kana mutsvairo ukagunzva tsoka dzake asi musikana anogona kutsvaira pasina chinoitika.'

'Nokuti ndikasiya hwindo rakashama mweya yakaipa inouya nemhepo wakakotsira.'

'Nokuti hanzvadzi yako inopenga, Percy, ibenzi chairo mukomana uyu. Usanetsekane zvako.'

Nyangwe zvake aiva muteveri waJesu akasimba achienda kumisa misi yese yesvondo nokuenda kumunamato manheru echina choga choga, Praxie aiendawo kundoshopera kun'anga kana paiva nomunhu arwara mumhuri make. Mumwe musi pamazuva atakapedzisa kuonana akauya nekazukuru kake, kakomana kaiva nechiso chainge mwedzi, ndakaona tushinda tutsvuku twakasungirirwa mumaoko ake, tumwe twuri muchiuno – kudzivirira mamhepo.

'Hongu Percy.' Praxie akapindura nakainga kahasha kokuti handidi zvokunetsva pandakamubvunza kuti tushinda utuwu twakabva kun'anga here. 'Ndinofanira kuita zvose zvinofanira kuitwa kuti vana vangu vararame.' Akabata kakomana kaya ndokukasimudzira pabendekete rake, kamusoro kako kachirenga-renga padyo nomutsipa wake.

N'anga yakadzvova zvakare ichibva yatepfenyura imwe mhere yaigwambisa ropa nokutyisa. 'Tipiyapiyipi!'

Musikana uya anobatsira ambuya akaramba achiridza mbira dzake asingazorori dakara mheremhere iya yoita sokukosora, kukosora kumwe kwakafanana nokukuma kunoitwa nembizi nedzimwe nguva dziri kure. Ndakayeuka zvakanga zvataurwa naTafi zvokuti varungu havana zvavanoitwa nemweya yavanhu vatema asi ndakaona ndichishayiwa chokwadi nazvo mudima neguruva iri rakanga rakaita serakasangana nomunhuhwi wezvivhu zvaida kukachidza. Musikana uya ndaiita sendaingoona wainge mumvuri paainge ari munzvimbo yake achidzungudzira musoro wake. Paairidza mbira dzake aiita saakanga achitevedzera kuzunza musoro kune hasha kwaaita n'anga. N'anga yakakanda musoro ichiita souchadambuka mugotsi, ndoku- zodonhedzera chirebvu chayo pachipfuva, ndokuchitanga kunguruma nezwi rechirume raityisa. Ndakatswinyirira maziso angu ndichiti pamwe ndingaione murimamo − zvaibvira here kuti zizwi rakadaro ribude kubva mumuromo wechikadzi wakanaka ukadaro? Kana zvaitaurwa zvacho Shona yacho yainge yakadzamisisa, zvairehwa zva- cho zvichinge zvine mutsindo wenhamo namatambudziko. Koo, ha- timboti akanga achitoongorora mibvunzo yangu? Iyo mibvunzo yangu yacho yaimboti chiiko? Pandakati ndichipfumbatira minwe yangu ndakaona − hezvo − ndakanga ndichakabata tsamba iya yenhau dzeKirisimisi. Ndichikanda nyaya yaObi pakati ndakabvunzisisa n'anga − zvichibva pasi pasi pomwoyo wangu − 'Ndapota ndibatsirei kuti ndingoziva kuna Praxie!'

Handina kana kuziva kuti neniwo ndakanga ndatokwidza izwi ndozhamba. N'anga yakasimudza musoro wayo ndokunditarisa muziso, nokumwe kutarisawo kwaingekuri kubva kune imwe nyika. Ndakakotamira mberi. Yaigona kundiudzeiko? Ko, chii chayaiona? Nhivi dzemboni dzamaziso ayo dzaiva notumadorodzi twainge ngura. Kana kuti ndini ndaiona tudenderedzi tweropa mumaziso angu? Kuti zvimwe tubandi twehuruva utwo twaiva mumhepo nhema yaive pakati pangu naiyo n'anga here? Muviri wayo wakagochitanga kufamba-famba mucharimamo, uchipotserwa kuno nekoko nesimba rimwewo raiva mairi. Ndisingazivi, ndakatanga kutepuka ndichienda uku nokoko ndichimutevedzera. Ropa raitinhira munzeve dzangu. Kuita somutsindo wengoma. N'anga yakagomera ichibvunda apo ndaibvundawo pamwe chete nayo tichienderana. Pfungwa dzangu dzakandiratidza Tafi achizunguzira Nokuthula mumaoko ake, kuita sefirimu raibuda nechokure neni, pedze shandu, ava Praxie zvino, ari kuzunguzika apa, ndakabva ndaziva kuti ndakanga ndisiri kuzobva pano. Kunhuwirira kwekutsva kwaiita mashizha akaoma uku, ndihwo hwakanga hwava upenyu hwangu, iko zvino pamwe chete namadon- hwe echimbo chembira ichi chaiita sechiri kukwenyerwa pambabvu dzangu, pasi nomukati membabvu dzangu, zvichidzika zvose mukati

45

memwoyo wangu.

Imba iyi yakandigumbatira, yakapuruzira ruoko rwangu. Ndakazarura maziso angu. Ndakaona ari musikana – mubatsiri uya akanga akabata bendekete rangu zvinyoronyoro achindisimudza kuti ndimire namakumbo angu. Akabhabhadzira homwe yangu ndichibva ndayeuka kuburitsa muripo waidikanwa. Musikana uya akatambira mari iyi kubva kwandiri, asinganyemwereri, achibva azarura musuo. Ndakanga ndisisadi kuenda. Mwoyo wangu waititira kure kure, ropa richifamba zvishomashoma, riri gobvu, mumuviri wangu. Tsoka dzangu dzairema. Ndava pachikumatidze, ndakacheuka ndotarisa kwaiva nen'anga iya iyo yaibuda dikita, yakagara pabonde, ichizvongorodza nokunyatsotura mafemo, yakatarisa muchiringiriro chiya zvakare napasi pamaziso aiita saakatsinzinya zvishoma. Yaioneiko? Mukati Praxie yaimuona?

***

VaWanyika vakakwatidza gonhi rokudivi kwavo vachibva vazhambidza injini tichibva tataramuka tichitevedza mugwagwa wakanga wachereka zvakaipa wangova jecha. Ndakanga ndakaurungana pasiti yeshure, ndichinzwa kunge ndinoda kukotsira, ndakanyatsodekara nyangepo mota yaigujura. Obi – uyo akanga adzokawo kubva kwaakange arasikira – akanga agere anyerere pasiti yemberi – akasununguka achiona kuti ndaiva ndichiri mupenyu, asi achiita saiva nezvaakanga asinganyatsonzwisisi. Paakandiona ndichibuda kubva mumba men'anga akabva asvika padyo neni ondinanaidza chinyararire, somufudzi wamakwai akanaka, todzokera kumotokari. Kundibata saaitya kuti ndingangomwashuka sezai! Asi zvose izvi zvakanga zvava kure neni. Tichazviona panguva yazvo, ndakadaro mupfungwa mangu. Apa ndichireva kunetsekana, kushamisika kwa Obi, kuti ukama hwedu norudo rwedu zvakanga zvamira sei, upenyu hwaTafi hwomuchivande nomweya wake, mapikicha avaridzi, madhona, vaindipa mari vaya kana tsamba yenhau dzeKirimisisi yaMhamha.

Ndakazvipetenura ndokutambanudza ruoko rwangu ndobhabhadzira Obi paruoko rwake.

'Zvakaoma,' akadaro.

'Chaizvo,' ndakapindura. 'Kuoma kuti ome.'

Tafamba kwemamaira akati kuti takanyarara akazonditi ndimupe apuro. Ndakazvisimbisa kuti ndirege kudzokera mujee redu rakare – 'Ndiri kuuya naro, Adam' apo ndakabata-bata ndichitsvaka chisamba changu chiya. Bhegi raigara kamera yangu rakanga richingoripo pandakanga ndarimvonyekedza – pasi pesiti. Asi chisamba – mukwende wangu – takadopatarika kutsvaga nemota yose asi chisamba chikati wakandiisa riini. 'Ndinofunga ndachisiya pamusuo pemba yen'anga,' ndakadaro. VaWanyika vakaridza zitsamwa ravo vachivheteretsa handuru yemota, kuti vaitendeudze itarire shure kwatakanga tabva. Asi mukati mokutendereka ikoko rimwe vhiri rakadhuuka motokari ikagombeya nomuchitondo chetumiti twemusasa mapazi acho achichezengura pasi payo kusvikira vaWanyika vakazokwanisa kunyatsoimisa. Varume vakaburuka kuti vaone kuti takanga tabayiwa zvakadii. Obi akaridza muridzo. 'Bwada bwada, fototo,' akandiudza achidaidzira. Ndakaburukawo ndokundochonjomara padivi ndakavatarisa vachichinja zivhiri racho.

Takanzwa kutinhira kweinjini yemotokari yaiuya, pataiva muzuvamo. Kuti angava Tafi, ndakazvibvunza, ari kutitsvaga? Asi yaivawo imwe shangwiti yapamusorosoro mumapazi ezvamatongerwo enyika yakanga yakatakurwa neMercedes nhema yaivaima. Ndakangoona chiso chaigaroonekwa pamisangano nomunhau dzemuterevhizheni chichionekera nomuhwindo reshure apo motokari yakanguruma ichitidarika iri mugore rehuruva yakananga divi rokumusha kwen'anga. Takaitarisa tichiyeva tese. Ndokufunga kuti vamwe vanhu vaifunga zvandaifungawo ini. Taizonotsikimura samba yangu nenzira ipi nebupupu ramasekuriti achibwechitedza changamire ava?

'Handifungi kuti zvine basa kuti tidzokere kwakare,' ndakadaro apo vaWanyika vaipukuta maoko avo pachimucheka.

'Kamera yangu ndinayo. Hapana chinokosha muchisamba macho.'

Takadzokera muHilux, vaWanyika vachibva vanyatsotikatanura kubva mumakwenzi todzokera zvino kwaiva naTafi pamwe nokuguta. Tangoti fambei pano nepapo – pakanga pasingambosviki kana chidimbu chepakati chekiromita, vhiri richibva raputikazve Hilux ichibva yazonyatsogara mujecha zvino yaita sengamera yaremerwa nazvo.

Pataijitika kubuda mumota zvakare, ndakangokaruka ndichiona chiringiriro chichena chen'anga iya chakapfumbatirwa zvakasimba ne-mimwe mirefu. 'Ndiye chete,' ndakadaro, 'haasi kuda kuti tiende.' Obi akashanduka kumeso zvakandishamisawo. 'Uchiti kudaro?' 'Chaizvo.' Kana vaWanyika vakabva vagutsurirawo musoro wavo. Zvaiva pachena kwavari. Ndakatarisa mumugwagwa, divi rino nedivi iro. Zvaiva pachena kuti ndakanga ndafambira chii kuno – n'anga yakanga yanzwa chikumbiro changu. Ndaifunga kuti zvaizoitika sei chaizvo? Kuti ndaizongoona Praxie achifamba zvake achiuya – zvichida akapfeka imwe yengowani dzaMhamha – achizondiwona ndiri pano? Ndakaona kuti zvakanga zvisiri izvo. Apa ndipo paive nemusoro wenyaya apa. Ndakanga ndisisafaniri kufamba ndichitsvaga kwaiva naPraxie, kufamba ndichib-vunzira pamusha nomusha.

'Ndinofunga izvozvi n'anga iri kutotiona zvedu muchiringiriro chayo.' Obi akadaro. Akanyemwerera. 'Unofunga kuti angatadza here kuisa iwe neni mupikicha imwe chete tese, Percy?'

'Uchireva zvemasaramusi zvako kani?'

Akandikakatira padyo naye tichibva tatendeuka totarisa nechoku-divi kwaiva nomusha wen'anga, dama dema richikwizama nedama jena, tichinyemwerera takamirira kutorwa pikicha yomweya yetaizony-atsobuda tichionekwa kuti uyu ndiani tose. Kuti buri raidongorerwa naro nen'anga yedu iyi raizvitadza?

Obi akadzvinya bipito rangu. '*How're you doing?*' akandivhunza. Aka-zobva ataura nechiShona zvino, 'Uripo here?'

Ndakanga ndisati ndanyatsoziva pandiri, asi ndakanga ndoona zvishoma, 'Ha,' ndakamuudza. 'Ndiripo kana uripo.'

Akanyemwerera. 'Chokwadi chacho, Percy,' akadaro 'ndechokuti uripo pano, kuvapo kwangu kana kusavapo.'

M'DHARA VITALIS MUKARO

Petina Gappah

Yakaturikirwa naMusaemura Zimunya

Gore rakakwira mitengo yezvese kupfuura kazana, Mudhara Vitalis Mukaro akambosendeka mudyandigere waanga atora ndokutanga kuveza makofini atakavigira zvitunha zvedu. Mushure memwedzi mitanhatu chaiyo, mbiri yake yakapararira ruviri, namba wani, yenyanzvi mukuveza makofini mudunhu rose uyezve seShasha yeKujaivha paMupandawana.

Munzvimbo yakadai seyedu iyi yokuti munhu wose zvake anotozivikanwa manhuhwiro emuhapwa make, chinhu chinonzi mbiri hachiedzeki nebote. Mupandawana, zita rese Gutu-Mupandawana Growth Point, inzvimbo hombe kupfuurawo mimwe misha asi ichiri kure nekuti inzi idhorobha. Ini ndinoona sekuti anongove manatsamukanwa chete anobva hurumende iyo inodoma Mupandawana seGrowth Point vachiyedza kuvharidzira dambudziko redu netariro iyoyi.

Kunyange zvayo Mupandawana isiri kadhorobha, kana kuti chidhorobha, kwakave nemakuwerere makuru pazuva rokupara hwaro hwemablair toilet matsva apo District Commissioner akatipakurira chirongwa chetariro yekuti Mupandawana ive dhorobha negore ra2065. Hongu, nderimwe ramagrowth point mahombe munyika muno, asi uhombe hwacho ndehwemhomho dzevanhu vanomirira kutenga makofini, negurumwandira revechidiki vanobata mitsetse yokukwira mabhazi aWabuda Wanatsa anotsemura dzimbo dzaChimbetu akananga Harare.

Seni zvangu hauzombondioni ndakabata mutsetse wokubuda maMupandawana uyu. Pandakangokandwa pasecondary yepano ne-Ministry yechikoro, ndakatura mafemo ekutiza Harare inotemesa musoro nemadzimai ayo anoti akabata haaregedze kusvika homwe yako yabvaruka, nzeve dzabooka nekushusha kwavo. Ino Mupandawana ndiyo nzvimbo kwayo, nzvimbo yokudzidza upenyu, chinhu chandinodavira kuti ndo-o jee ratakabikirwawo nemumwe mutsvinyi mukuru.

Ndosaka ndichiongorora magariro aya, nekuticha Geography kuvana vasina zvavo zvakawanda zvavanoda muchidzidzo kunze kweruzivo rwenhambo dziri pakati peMupandawana neLondon, Mupandawana neJohannesburg, kana kuti Mupandawana neHarare. Dai zviine basa neni, ndainyatsovayeuchidza kuti chekumhanyira chaicho chaicho hapana, kumhunga hakuna ipwa, sekutaura kwaamai vangu.

Regai zviende, zvichangosanganawo nazvo.

Hwangu hupenyu hausi hwegarandega. Paye pandinenge ndovaviwa nehushoma ndinobatana neshamwari dzangu mbiri, Jeremiah, mudzidzisi weAgriculture, naBhobhojani anogara riri bhande nebhurugwa naJeremiah. Kozotiwo zvimwe zvigari zvemugrowth point, zvemuMupandawana zvinoita sekunzi upenyu ijee rakasikwa kutsvinyira munhu.

Ngatimboongorora M'dhara Vitalis.

Asati atora mudyandigere, aisevenza pane imwe fekitori yekuveza muHarare. Tichinwa naye ini naJeremiah naBobo musi watakatanga kumuona M'dhara Vitalis akatiudza kuti akadzidzira basa rake munguva yevarungu chaivo. 'Ukaita munyama wekusvitswa mumusoro negumbo recheya yangu, vapfanaka, unotonomukira kudenga,' akadaro. 'President chaivo vanogara mucheya yangu. Oak yechokwadi chaiyo, vapfanha. Ndakagadzira fenicha dzeoak, teak, mahogany, cedar, ash chaiyo, kana neOregon pine. Kwete zvemazhingi-zhongu zvinobva kuChina izvi. Zvingangoita sezvinoshamisira nekupenyapenya asi hazvimbotani kutsemuka pakare pasina nenguva yose.

Paakangonzwa kuti China, Bhobho ndokutanga kutsvinya achiti

nyika yedu yangova Zhing-Zhong-Zhimbabwe nokuti yakatotengeswa kuChina kare.

Jeremiah akati ndasarira, ndokuti, 'Handiti Peter munodziketa, dziya dzine makiyi epamaghedi ekudenga, mumwe musi manje Peter anoshama achiona masupporter eruling party achiuya kudenga waona. Anoshama nokuti haasati amboona maruling party supporters achinanga kudenga waona. Saka anomhanya kuna Mwari manje, oti handizivi kuti ndingaita sei nema*supporter* aungana kumagedhi edenga uko'. Mwari dzinomutarisa so, dzobva dzati, 'Ko iwe Peter warasika papi futi iwewe. Inga wani masupporter eruling party anongovawo vana vangu wani. Enda unovhura magedhe unopinza maface aya mudenga.'

Peter uya anoenda kunoita saizvozvo, asi pasina kana time, anomhanya achiti, 'Mwari wangu, Mwari wangu, aenda, aenda!' Mwari dzinobva dzati, 'Anogoenda kupiko ma*supporter* eruling party aya?'

Peter oti, 'Kwete, handisikutaura ma*supporter*, ndirikutaura maghedhe edenga!''

Tose takabvaruka kuseka takatarisa pasi kuitira kuti District Commissioner aive akagara pakona pasi pehwindo asatifungire.

***

Paakasiya basa rake, M'dhara Vitalis aive akatarisira kwazvo kuturika maturusi ebasa, achitarisira kuzorora zvake achirwisana nevhu. Aiwanzodenha tsimbe dzisingabve paMupandawana achiti, ' Imi ndimi vanhu vasingatombozivi zvenyu rugare rwamuinarwo. Hamuna mabasa, saka chiendaika munorima kuminda yenyu.'

Akange agarisa muHarare zvokuti ainge akanganwa kuti muforo woga woga raingove tsanza; zvichitiwo kana dai mvura ikanaya, mbeu yacho hayaiwanikwa, uye kana mbeu ikawanikwa, mvura yotiza. Shasha chaidzo dzaifarira kurima dzikamedza mabhuku asingazivikanwe, saJeremiah, dzakatenge dzafuratira ivhu ndokusarudza kungodzidzisa ruzivo rwekurima kuvana; ivo vaiti kana vakawana kamukana kadikidiki zvako vaichemera basa rehumesenja mumaguta makuru pane hupenyu hwokupara ivhu.

M'dhara Vitalis akamanikidzwa kuritaya kwasara makore matatu

51

kuti achipedza basa rake. Murungu wake akamuudza kuti kambani yavakuvharwa nokuti mari yekunze yaidiwa kuita basa rose yaive isingawanikwa panguva iyoyo. Mari yepenjeni paive pasina; yaive yakakotswa mubhanga, vakuru vebhanga ndokundopotera kuIngirandi. M'dhara Vitalis ndokunzi chengeta zvako hovhorosi, nezvimwewo zvekuvezesa zvaaishandisa pabasa. Sezvineiwo, murungu akange ave kuvharawo imwe kambani yake yaigadzira bhutsu ndokupa M'dhara Vitalis nevamwewo vose vaimusevenzera bhutsu nhatu nhatu.

Takazomuona achiburuka mubhazi raWabuda Wanatsa achibva Harare, ini naJeremiah naBhobhojani. 'Makore makumi matatu here vakomana,' akadaro achizunguza musoro wake. 'Makore makumi matatu uchisevenzera kambani imweyo wobuda nezvizvi. Shuwa, shuwa, penjeni yeshangu, heh? Shangu panzvimbo yepenjeni here? Idzi shangu idzi…'

Mazwi aya karambira pahuro pake.

'Ende futi dzinoshinya, dzose zvadzo ihafu pasaizi diki pandiri,' akaenderera mberi paakagona kuvhura pahuro pake. Takaedza kumunzwira tsitsi nepatinogona. Takataurawo zvatakanzwa mukati memoyo yedu pamusoro penhamo yake.

Ndakati, 'Sori, M'dhara.'

Jeremiah ndokutiwo, 'Rafu, M'dhara.'

Bhobho ndokuzoti, *'Tight.'*

Paakasimuka takamutarisa achinanaidza nebhutsu dzake dzakati ndendende, akabata bhegi rine dzimwe bhutsu mbiri rakarembera muruoshwe rwake.

Jeremiah ndokuti, 'Penjeni yebhutsu, manje.' Zvokuti nyange zvedu tose tainzwira M'dhara tsitsi takafa nokuseka kusvikira Jeremiah aita misodzi pamatama. Bhobhojani takatozomusumudza muvhu maanga aumburuka zvake.

Kunyange zvake aive asina penjeni, M'dhara Vitalis akafara nokuzorora. Paainge achiri kushanda mufekitori akazvivakira musha wake makilomita matatu kubva pagrowth point, paivazve neminda yake mitatu. Pahuviri hwavo, murume nemukadzi, vaibatsirika havo nezvavaiita kusvikira gore renzara rakateedzana nerimwe, apa inflation ndoo payakatunga gore ndokufumura nyika kudakara yasara iri

52

pachena. M'dhara Vitalis akambodzokera kuHarare achitsvaga rimwe basa zvakare, asi pamusana pokuti hapana aitarisa chembere ipo paine mitsetse yemamirioni evapfana vechidiki vakaforera, zvakashaya basa. Ndoo paakatenderera paMupandawana dzamara awana rokuveza makofini. M'dhara Vitalis aigona basa rake zvokupedzisira ashaisa vamwe mabasa nokuti murungu wake akatodzinga vamwe vaviri panzvimbo yake. Ndoo patakazoona unyanzvi hwake hwekuveza kusvikira taona kuti ndiye aiva muvezi muhombe wemakofini nharaunda dzino.

***

Unyanzvi hwemaoko ake taive tatohujaira; hwetsoka dzake taingonzwawo nembiri, pasina humbowo. Uye, sezvo muridzi aive iye aikarovhaira nemashiripiti ake mudariro redhanzi kuHarare ikoko, taingozvitora sekuti ngoma inorira kusvikira yati 'pangu pangu'. Ndosaka Jeremiah akati, 'M'dhara Vita anokarowedzera muto munyn'ambo dzake.'

Zvaiita sekuti kushereketa kwake kwaiitika pazere vanhu. 'Ndakajaivha PaCopacabana, ndokuzoti paJob's Night Spot, nepaAquatic Complex. Kasi handimbokanganwa mumwe musi wandakajaivha ma-Mushandirapamwe ndikavatsvaira mudariro kusara musina chero nhunzi zvayo. Sare vanhu vati jirijiji, mate mukanwa hwa-a. Vakamira ho-o, ndikutaurirei.'

Takafa nokusekera muhapwa asi hapana kupera nguva refu kuti ticherechedze kuti taive tanyanya kuseka, zvakare takurumidzisa kuseka. Zvakazoitika zvacho ndozvakatiratidza kuti yaaizviridzira M'dhara Vita aitoirovera pasi.

Murungu waM'dhara aive ari Memba yeParamende yenharaunda yedu. Sezvinokodzera shefu wevanhu, anoremekedzwa uyu ainge akabata mabhizinisi maviri aive ari mahombe kwazvo pane mamwe pagrowth point. Zvairevawo zvakare kuti mugove waibuda kubva muKurwiragomo Investments t/a No Matter Funeral Parlour and Coffin Suppliers waingosvikodira mubank account imwe chete neweKurwiragomo Investments t/a. Why Leave Guesthouse and Disco-Bar. Zvakare semhunhuwo akaita mukana wemhanza yakanaka kudai zvairevawo kuti zvaive nyore kwaari kungorasha mbeu yake mumadzimai akati wandeiwo. Meneja weWhy Leave ainzi Felicitas,

53

mudzimai wechina washefu, mudzimai akambozama nepaanogona kare kake kupakurira varume mufaro uzere asati asarudza zvokuzorora saamai vemba.

Semumwe wevarume ava, ndaivewo nendangariro dzaFelicitas dzemandorokwati, zvokuti kazhinji ndaiwanikwa ndichiti cha-a muguest house kuti ndimborova rimwe chete nekungovaraidzawo nguva. Felicitas aive munhu ane chipo chekukurumidza kuona mukana, ndokusaka akandichinjanisa nashefu. Sameneja akaona kuti makwikwi edhanzi ndo-o chinhu chaive chasara kuti bhawa rikurumbire.

Ndaive ndatonzwa nezvemakwikwi aya kubva kuna iye Felicitas pandakazoona zvikwata zvevana vechikoro zvakaguta zvazvo nehuruva zvichitamba kongonya panguva yebhureki. Sezvo kongonya iridhanzi yechiuno inofarirwa kwazvo pamisangano yebato renyika, ndakafunga kuti mheno gadziriro yekutambira shefu vahombe iri kuitwa nevana ava. Ava madeko musi wakare ndichipfuura nepaguest house ndakazoona chimwe chikwata chevana vadiki vachitsika kongonya, vamwe vachinongedzera pamudhuri webhawa. Kuputika kwakanga kwaita kongonya muvana vemuMupandawana kwakaita kuti ndizvinzwire paguest house. Vechidiki vaya vakati mwanda-a kutiza pandakasvika, ini ndokuona kuti vaive vachiongorora imwe posita yaive nemufananidzo wekudhurowa wemurume nemukadzi vachitamba, vari vatematema. Musana wemurume waive wakadedemara zvekuti musoro wake waiita seucharova pasi negotsi, apa mudzimai aive nemuviri waifashaira zvakandifungisa Felicitas akange akabata mabvi, magaro ake ari pedyo nekugumha pasi.

Pasi pemufananidzo wemafaro uyu paive pakanyorwa mazwia aya:

WHY LEAVE GUESTHOUSE AND DISCO-BAR

In association with

MUPANDAWANA DISTRICT DEVELOPMENT COUNCIL

Is proud to present the search for the

Mupandawana Dancing Champion

Join us for a night of **Celebration** and **Dancing!**

ONE NIGHT ONLY

Kwakatevera tsananguro yemakwikwi aive achiitwa mumavhiki maviri aitevera, mibayiro yacho mihombe, mukuru wacho waive wekumwa kamwe chete pavhiki kwemwedzi mitatu.

Mupandawana inzvimbo isinganyanyoita mafaro matsva akanyanya kuwanda. Mavhiki maviri akatevera kwakava nemakuwerere akazoita mutinhimira musi wedhanzi wakare. Musi uyu muWhy Leave makaungana mbozha netsuro dzepaMupandawana.

Nezvipfeko zvavo zvakachipachipa asi zviine mavara anoyevedza, vakatutitirana mudandaro guru reGuest House husiku ihwohwo ndokufashukira panze murima: chiremba aingodzengererawo ari padistrict hospital, manesi, maticha, vanamahobho, mutengesi wepaChawawanaidyanehama Cash and Carry kozoti zvisikana zvinomubatsira zvaingoseka zvenhando, District Commissioner aizvikakanyadza samambo apa achingofinyama, mapurisa epakamba, vemauto vakange vangorasikirawo kwedu, nevamwewo vakange vabva mumaruva akatitenderedza. Dai wainge uine banga waitotsemura makuwerere kwavakukamurira zvidimbu zvikuru kuruzhinji rwavanhu vepaMupandawana namamwewo magrowth point ari kure — uchitosara wakabata zvimwe.

Bhutsu dzevanhu dzakange dzongotambatamba, makumbo achigwinha gwinha, miviri ichingozunguzika sezvo vanhu vanga vanzwa nekuda kuti mutambo uchitanga. Pakazobatidzwa mhanzi naFelicitas vanhu vakati, hamuchioni? Imba yedandaro yakadhuuka nemhanzi yaiti maBhundu Boys, Cheso, System Tazvida nemaChazezesa Challengers, kogotiwo Cephas Mashakada, Hosiah Chipanga, Mai Charamba, Chopper, Dhewa naiye asingashaikwi pamhemberero huru yega yega; Tuku nemaBlack Spirits ake. Vakaimba dzimbo dzavo dzekugamuchira upenyu hunonaka; vakaimbawo dzinochemedza asi dzichitambika zvakare. Yose yaive misambo yakagamuchirwa navapaGrowth Point, mapurisa nematicha, manesi nevemumaruwa, varume navakadzi, vadiki navakuru. Vakaitamba kongonya, ndokutevera imwe kongonya, kuchitevera zvakare imwe kongonya nokuti vatsigiri vebato rinotonga vakawanda sengura yemutsoto wePeugeot 504 yakabonderwa nemwana weVanoremekedzwa ndokusiiwa ichiora paSadza Growth Point. Bhobhojani aive apindawo pakati padzo shasha, achigweshereka padyo naDistrict Commissioner, Jeremiah neni tichiwongorora mutambo takazembera zvedu bhawa.

55

Vari vepaGrowth Point, ha-a, vakashaina. Kwaisadanwa anonzwa. Kana uye mahobho anochengetedza paBuilding Society akatamba Borrowdale zvokutochipisa Alick Macheso mbune, muridzi wemusambo. Dzinganisayi, uyo vazhinji vaibvumirana kuti ndiye Secretary General webranch reZATO reMupandawana akaratidza hunyanzvi mudariro redhanzi zvine mbiri sekugona kwaaiita kunyangarisa zvinhu kubva mudzihomwe dzavanhu. Nyengeterayi, mumwe wezvisikana zvokugegedza gegedza zvepaChawawanaidyanehama Cash and Cary akati kwata nemaoko nemabvi ndokutanga kujaivha asingatye ngozi yaigona kukonzerwa nezvigunwe netsoka dzevanhu vainge vosvikirwa nokutamba.

Zvakare hapana angambofembera kuti mudzidzisi mutsva weFashion and Fabrics aive nechipo chekuchukucha chiuno kudai. Ndakamuyeva achizungunika, ndikatanga kunzwa mumahasvo kufurukuta, ndokubva ndasuwa ushamwari hwakatsiga, husingakurumidze kupera. Pandazoti cheu kumacheto eziso rangu, ndoo pandakaona M'dhara Vita opinda.

Aive akapfeka zvairatidza kuti ndezve kuma1970. Bhurugwa rake raive riri riye ravanoti bheri, apawo chiuno chebhurugwa chaive chakapetwa, ndokunzi shwe-e muchiunu netai, panzvimbo yebhande. Bhachi rake raive rine mavhendi maviri kumashure. Mumusoro make anga aine nguwani yaipfekwa nevarume vemazera ake, yakaturikwa pachijoki.

'Ko, kanjani Michael Jacksonka,' akadaro Jeremiah tichikwenyana. M'dhara Vitalis akangoticherechedza nekugusura musoro, ndokufamba zvake seanodzana akananga pakati, asingamboratidza kusungikana mudariro rekutambira.

Ndobva vatanga kujaivha.

Borrowdale yamahobho yakachinja kuita Mbaresdale. Kutsika kwaDzinganayi kwakapera basa semunyuwani. Zvimazano zvaNyengeterayi zvakapedzisira zvaratidza sezvepwere isati yapera mukaka pamhuno. Vose vakatandaniswa mudariro na'Mdhara Vitalis vakapedzisira vatozobatana nesuwo vamwe timire kumacheto tichiyemura. Aiziva madhanzi amanjemanje, namamwewo aivepo kare. Akatanga nejaivhi yemhene neyemugodhi wemvura, tikashama miromo. Akazotibaya nejaivhi inotevedza munhu anomhanya. Akagozotiuraya nerobhoti zvakare, ndokutivhara nejaivhi yenyoka ne-break dance, tikabva tamira kuti ho-o. Matambiro aakaita moonwalk aitochipisa Michael Jackson pachake kusvikira abvuma kuti, ho-o. Akatsvaira dariro rose ndokusara vari vaviri, iye naticha weFashion and Fabrics mutsva uye.

M'dhara Vitalis akati pano, ticha voti nepapo.

Ticha vakati apa, M'dhara Vitalis akati ndiri kuno.

M'dhara Vitalis akagwinha hudyu, ticha vochukucha chiuno.

M'dhara Vitalis akazunguza mutsipa nemusoro, ticha vokanda maoko mumhepo vachiaruka nemutoo unokatyamadza.

M'dhara Vitalis akatsika pasi, pachipanzura, ticha vakati handisariri, ndokurova chipisi yaiomesa mutsipa nekunwisa mvura zvese pamwe chete. Zvino Felicitas akazoridza Chamunorwa Nebeta and The Glare Express. Pakatanga kunzika masaisai erumbo ' Tambai Mese Mujairirane' , takaona M'dhara Vitalis ashanduka. Akagwinha hudyu dzake. Akambovhara maziso ndokuridza mheterwa. Ndo-o paakambotifuratira kwaakuvhura bhatye achisheedzera achiti, 'Pesu! Pesu!' achipesukisa bhatye uku neuko.

Ini ndikati kuna Jeremiah, 'Bheka bhatya, bheka, sha-a.'

Zvikanzi naJeremiah, 'Kudai ndaiva ndiri mukadzi zvangu ini.'

District Commissioner ndokutsemura muridzo vachiti, 'Chovha George!'

Ndo-o dhanzi rakavhara musangano. Ticha veFashion and Fabrics ndo-o pavakabva vasarenda. M'dhara Vita vakasarudzwa kuita Mupandawana Dancing Champion. Rakava zuva rairangarirwa zvikuru kwenguva refu neMupandawana yose.

***

Zvikatova nani, dai pasina izvozvi, shambadzo yekuti ' Uyai kuchiitiko chemusi umwe chete' yakaita sekufembera manenji akatevedza makundano edhanzi repaMupandawana, zvinova zvakange zvisingatarisirwe naFelicitas. Kuchingopera mazuva maviri kubva muhushasha hwaM'dhara Vita gavhuna wedunhu redu akatumira chikonzi kune mumiriri wedu wedari reparamende kuti auye kuhofisi yake kuMasvingo. Nyanzvi yechidiki mumatongerwe enyika, aive ari mumwe wezvuuru zvevaya vanohora nekugumbukira kuti bato riri kutonga ratukwa.

57

Ndozvakaita kuti paakangoona posita raive nemazwi anoti Mupandawana Dancing Champion atore nguva achinyatsocherechedza vara rekutanga rega rega, akaona mazwi aya achidoma zita reshuramatongo yebato rematongerwe enyika .

'Zvinorevei kana nhengo yeparamende/ MP yebato riri kutonga yowanikwa ichikuridzira bato rezvimbwasungata rakamirira kupokana, rinotungamirirwa namatiibhoyi, shoropodzi dzisingafunge kuti hupfumi inyika uye nyika ndihwo hupfumi uye kuti nyika haizombofa yakadzokera kumaBritish zvakare, ny'any'a dzinovavarira kudzorera udzvinyiriri zvakare,' akadaro gavhuna achibvunda nehasha.

Zvokuti aibvunda nehasha ndakatoudzwa naFelicitas, iyewo Felicitas aive audzwa nezvazvo nemuridzi wemhosva, iye anoremekedzwa mumiriri wedu muparamande.

Magumo azvo ndeekuti makwikwi edhanzi ndo-o paakaperera, zvichireva kuti M'dhara Vita, ndiyo yega shasha yedhanzi yakasarudzwa pagrowth point, pasina akazoti pwe zvakare. Zvisinei, manakiro azvo ndeekuti madeko emusi weChishanu vhiki yoga yoga M'dhara Vita aisheedzera mubairo wake wekangopisa yeChateau Brandy.

'Ko, sei asingamwiwo Chibuku sevezera rake nhai?' akabvunza Felicitas, sekunonzi zvazoitirwe.

Ini ndokuti, ah, dai aive ari murumewo sevamwe vezera rake angadai asiri shasha yekutamba pachake.

Kushereketa kwake kwaitonzwisisika kana tichicherechedza kuti aive adya maKisimisi akati wandei. Kwaive kusati kwave nemabirth certificate paakazvarwa, kunyanya kune vaye vemumarizevha. Paakapedza chikoro chokuveza paBondolfi, kuti awane tsamba yekufambisa mumadhorobha amai vake vakatoita zvekufungidzira zera rake vachicheredza gore rakavakwa chikoro chemisheni chaive makilomita mana kubva pamba. Sezvo aive asarudza basa remuvezi mukuru mubhaibheri nepasi rose, akazozvipawo December 25 sezuva rekuzvarwa kwake. Izvi zvaireva kuti zuva rekuzvarwa kwake raive rekungosarudza chero, zvichireva kuti pamwe makore ake aigona kunge akawanda kupfuura aive mugwaro.

Nyange dai pasina kuti aiwana hwahwa hwemahara uhu, vakawanda vaidai vaimutengera; tichinge tatadza kangopisa kake kebhurandi taizongomutengerawo husingadhure uhu. Kufa kwakaita makwikwi, ndikowo kuparara kwakaita maposita: asi ndipo patakafunga zano rekusangana paguest house musi weChishanu wega wega kuzoona M'dhara Vita. Achinge adziirwa zvake nemusoro webhurandi nemusambo wemuseve, mhidigari dzake dzaitivaraidza samare Chishanu choga choga.

Zvimwe chete nemusi weChishanu chekupedzisira. Achisvika pabhawa pandainge ndakamira naBhobhojani naJeremiah nevamwewo vaidhakwa akasheedzera achiti, 'E-e, vapfanha vapfanha!' Jeremiah ndokumukwazisa achiti, ' Ndeipi M'dhara', akasununguka zvake sezvataive tajaira kuita naye.

NaM'dhara Vita paive pasina chiKaranga chiye chekungoombera ombera vakuru. Akatidira mashoko, isu ndokumuwanzirawo zvakare. Akakutura hwahwa hwake pakare ndokunanga mudariro. Felicitas akanga asocherechedza kuti musambo werumba yekuCongo ndiwo waipfavisa chiuno chaM'dhara nekunyongodesa makumbo. Saizvozvo madeko iwayo, maLubumbashi Stars achibvarura sitiriyo M'dhara Vitalis akasvikomira akasvikoti twi-i pakati pedariro. Akambotora chinguva akamira iwe, kuita seanopa kangopisa nemhanzi mukana wokunanga munzeve nemumuromo nemuhuropi nemuhudyu make. Ndokutanga kugaya chiuno achiteedza rumba, apa maziso akatswatira, maoko akaswatudzwa mberi kwake.

Ndobva Jeremiah atsemura muridzo achiti, 'Ichi chimudhara chirambakusakara,' kunova kwaitove kuzadzisa zvaitaurwa navanhu vose kuti M'dhara Vitalis aive nesandawana yehupenyu, divisi rekuramba kusakara.

'Ini ndini Vita, *shortcut*, Vitalis full name, ilizwo lami ngiVitalis, danger basopo. Waya waya, waya waya!'

Akadonha pasi, akatanga kuumburuka nokudedera. Isu takakachamadzwa nemutambo mutsva uyu zvokuti takamuunganira netariro huru yemutambo wataive tisati tamboona. Chakatishamisa ndechokuti haana kumbenge amirira kudhonza kangopisa rwepiri kuti aedze mashiripiti matsva ake aya.

Akagwinha achiendera kurudyi, ndogwinha achiendera kuruboshwe, mhanzi ichidandauka isu tichimukuza. Paakanzwa tichimukuza, akaita seane pfari, meso ake achipenya, kunge aive achiti, 'Nyatsoomberai maoko.'

Isu tikati hende.

Takatozocherechedza rumbo rwanyarara, tamuomberera zvine mutsindo iye ndokuramba arere: kuti haaizombopasimuka futi. Nguva yose yataimukuza aive asiri kutamba bodo, asi kuti aive ari kutotisiya.

***

M'dhara Vitalis achibuda kutanga netsoka muWhy Leave Guest House, Bhobhojani chete ndiye akagona kubaya mukanwa medede maererano nemashura atanga taona.

Akati, 'Tight.'

Panga pasisina chekuwedzera kutaura kubva ipapo.

Takazomuviga kune rimwe ramakofini aakapedzisira kugadzira. Handizivi kuti aidai muridzi akazviona sei. Zvisinei, ndakambofunga kuti m'dhara aitomera zenze kuonekwa achibuda papeji yekutanga yegwaro nhau renyika yose.

Nhoroondo yekufa kwake yakabuda iri pasi pemufananidzo waPresident waiwanzobuda mazuva ose. Ukapeta bepa pazvikamu zvitatu muchina, kuhwandisa paye paiva paine tariro yekuti inflation ichapunzika kusvika pa2,000,757% gore risati rapera, yaingove nyaya yaM'dhara Vita. Vakanyora vachimuti Fidelis panzvimbo yekuti Vitalis; ndokumuti penjeniya iye asina kana mugove zvawo, kunze kwemapeya matatu aya ebhutsu.

Zvisinei, musoro wenyaya wakanyatsonanga:

Mumwe Murume Anozvibaya Nekutamba

Ariwo maitikiro azvakaita chaiwo.

ZVIVI ZVAMADZIBABA

Charles Mungoshi

Yakaturikirwa na Charles Mungoshi

Vamwe vanhu vose vakanga vaenda zvino kwangosara ivo vega vari vaviri Rondo Rwafa nababa vake, avo vaimbova minister muhurumende. Rondo, uyo akanga asati ambobata pfuti kana kuiridza muupenyu hwake, aine pfuti muhomwe yebhachi rake ipapa. Baba vakanga fasingazivi izvi. Paizopera zuva iri pamwe Rondo aizenge agona kupfura nokuuraya baba vake, kana kuti aizenge azvitadza. Vakanga vagere muzitende roruvara rwamashizha rakanga rakadzikwa nechokune rimwe divi reziyadhi remba yaRondo muBorrowdale. Moto wavaidziya wakanga wava kuita sowoti nhonhonho kupera nemadota. Zvigaro zvesimbi nezvimwe zvomushenjere wakanga zvakarongwa zvakatenderedza choto ichi. Moto uyu wakanga usingadzime pachoto apa kwesondo rese.

Rondo akanga asipo pakaitika tsaona iyi asi pfungwa yake yairamba ichingotenderera ichidzokorodza zvaaifunga kuti ndizvo zvakanga zvaitika pamusi wacho. Akaona vatezvara vake, vaBasil Mzamane, baba vemudzimai wake vachiimbira vazukuru vavo rwiyo rwavambenge vaimbirawo iye Rondo mangwanani emusi iwoyo. Sezvaakanga angoitawo iye Rondo, kubatsira vaMzamane kuimba rwiyo rwaMu-

61

tukudzi urwu Rondo akaonawo vanasikana vake vaviri vachiimbawo pamwe chete nasekuru vavo, 'Todini? Senzeni? What shall we do?' Vose vaifarira Mutukudzi. Pfungwa dzaRondo dzakaona Sekuru vachifara nokuseka navazukuru vavo zvokuti pfungwa dzavo dzakarivara pamugwagwa. Achizvifunga zvakare, Rondo haana kubvuma kurega vana vake vachiona zvakanga zvichida kuitika kwavari munguva diki diki yaitevera. Sekuru chete ndivo vakazviona. Pavakazoti 'Maiwe-e zvangu!' vakanga vatononoka, zvatoitika. Hazvina kunge zvapinda mupfungwa dzavana. Kana kuti zvimwe ndiwo maonere ayo Rondo aida — kana — kusarudza kuda kuona nawo nekuzvigamuchira nawo. Akanga asingadi zvake kana kutombofunga kuti vana vake vakanga vakanyatsotarisa vachiona njodzi iyi ichivavinga. Akanga asingadi kufunga kuvhunduka kwakaitika mupfungwa dzavo vachiziva zvakanga zvoda kuitika. Zvichida — izvi ndizvo zvimwe zvainyaradza Rondo — zvichida vana vake vakaona zigomo rerori richiuya kwavari; saka munzwimbo yokuvhunduka, havana kana kutomboona kuti rufu rwavo rwakanga rwatarisana navo. Vakashamiswa nomukwandari wezinhu iri zvokuti havana kuwana nguva yokutya.

Zvichida vakatopururudza nokurikuza. Kana zviri izvo zvakaitika Rondo akaona vana vake savakaenda vasina chavaiziva, vari pakati pamafaro. Pamwe vakafa vachitofara — ndiyo pfungwa yaidiwa naRondo iyi. Akanga achiedza napose paaigona kubvisa pfungwa ingamurwadze pamaererano nokufa kwavana vake. Aida pfungwa yaiti, vakaenda vasingarwadziwi, vachifara.

Akanga agere musofa rimwe iroro raakanga akagara kwesondo rese akaisa chirebvu chake mumaoko ake, akabata shaya. Haana kumbenge atsukunyuka kubva paakanga agere apa. Caston, uyo aishanda naye, ndiye aitombopota achimutora kuenda naye kundotenga zvokudya zvaidiwa navanhu parufu. Izvi Caston aiitira kuti Rondo ambozorodza pfungwa dzake. Kwesondo rose aingonzwa mahon'era amazwi avanhu vachitaurira pasi pasi, dzimwe nguva pozomboita mhere nekukosora kwamadzimai anenge achangosvikawo achibata maoko. Raingova besanwa — runopinda, nerunobuda, vamwe vaiuya, voenda vozodzokazve kuzotandanzana navafirwi. Rondo aiziva zvake kuti havasi vose vaiuya vaichema naye nomwoyo wese. Munhu oga oga aiva nezvaafambira: zvaiti vamwe vaitumwa nemweya unobatikana nekurwadziwa kwevavakidzani munguva yenjodzi, vamwe kudya nokunwa, vamwe vaiziva kuti kumba kwemwana waMudhara Rwafa, aimbove mukuru mukuru muhurumende — waingoonawo nokunyemwerera kwavaiita vakacheukira makamera akange achitora mapikicha pavaibata maoko aRondo. Zvose izvi zvairatidza kuti vaida kuzocherechedzwa kuti vakanga varipowo — hauzivi chakakoresa mbeva! Rondo akange achivaongorora vachingodzungaira apo neapo. Aivaona vachiungudza, asi vamwewo vaiita ruzha nokuseka, kuita sezvinonzi vakanga vakanganwa kuti vari panhamu, kuita savakanga vasingazivi chavakanga vaunganira pamba apa. (Nedzimwe nguva vanhu vaiita ruzha nokuseka vainge nani pane vaya vaitaurira pasi pasi, vezviso zvakaota!) Rondo aimbonzwa mazwi ose aya songa zizwi rimwe chete, kunge murikitira wemutsindo wemhuka dziri kutiza kana kuti rwizi rwazarisa.

Chete uno waiva mwedzi waNyamavhuvhu kusina mvura. Mamwe mazwi ainge achingopfuura semhepo inovhuvhuta, asi mamwe akanga awaridza rukukwe munzeve dzake. Akanga avanzwa, hanzi: 'Ukati rufu rwuri rwega irworu?' Akanga avanzwa asi chakanga chanyanya kugara mumusoro make dzaive nziyo dzanamai, nziyo dzavaiimba manheru oga oga, usiku hwese, kwesondo rose. Nziyo idzi ndidzo dzaakanga ave kunzwa dzichitenderera mumusoro make pari zvino akagara kune rumwe rutivi rwechoto mutende iyi akatarisana nababa vake.

Vakambogara kwechinguva vakadaro murunyararo. Rondo akakanuka avhunduka seakambenge ambobatwa nehope. Pane chakanga chamuvhundutsa, chakanga chamumutsa chamunzvenzvera panyama yake asi haana kukwanisa kuziva kuti chaive chii. Akasimudza musoro wake. Akatarisa uku nokoko, kuruboshwe nokurudyi: akashamisika kuona kuti baba vake vakanga vagara padivi pake zvino pasofa rimwero. Pfungwa yokuti baba vake vakanga vachinja nzvimbo yavo iye asingazvioni yakada kumbomuvhundutsa. Zvekare, akaona kuti ruoko rwababa vake rwange rwakabata ibvi rake, rwakazororapo. Vaidziya zvavo moto asi Rondo akanzwa kutonhora kweruoko rwababa vake kuchipinda nomushinda dzemudhebhe waakange akapfeka sokunonzi matombo echando akanga agadzikwa paganda rake.

'Kusuwa kwako kuchapera sedova panobuda zuva mangwanani. Rimwe zuva uchatenda, uchafara kuti izvi zvaitika nhasi kwete mumwe musi uri kutevera. Ndoo pauchandifunga. Uchanditenda.' 'Seiko baba?' Pfungwa dzaRondo dzaitova kumwewo. Izwi rake rakaita serisiri rake. Vakanga vasiri kutaura nyaya imwe chete. 'Uchanzwa vanhu vachitaura. Vachaedza kukupa mazano ose zvao. Usanzwe. Kunyepa kwese.' Baba vake vaitaura asi nzeve dzaRondo dzaiita sedzisina chadziri kunzwa. Ndoo paakazonzwa runyararo rukobvu, rwakakura sebwe rakanga rapfiga guva rakanga raradzikwa vana vake. Apa ndipo paakange akatarisira kunzwa mazwi avana asi achiashaya. Akanzwa nzara dzeminwe yababa vake dzichiita sedzaiboora bhurukwe rake dzichipinda munyama dzebvi rake kuita sokunonzi pane chinhu chikuru chavaida kuti anzwisise asi vasingagoni kuchidudzira namazwi.

Achiona baba vake mumwenje wechadzera chaiva muvharanda, Rondo akaona sokunge mapendekete avo akanga aderera nokuondoroka zvaakanga asati amboona vakaita. Rondo akatarisa mumaziso ababa vake. Akaona kuvaima kwemoto waiva mumazimbe akanga ava kufusirwa nedota muchoto.

Ipapo pfungwa yakanga yongomubata mazuva ose kubvira panguva yetsaona yakamuti mha zvakare: Chiiko chandaitya parumunhu rwakadai urwu? Ndaingotyawo nemumvuri wose, nhai? Pamwe mudzimai wake Selina aitaura chokwadi. Asi kuti azvibvume kuti mudzimai wake akange anyatsonanga chaizvo, anyatsorevesa, zvairema chose kuzvigamuchira: Wagara wakadhererewa namudhara wako. NdiSelina akambodaro uyo. Akatopedzesera oti: Ndinofunga nyange ini ndikapfeka mitirauzi yako ndingangopedzerana navo, ha-a.

Zvo pfungwa dzake dzakatanga kubengenuka, akarangarira zvakare: Kutya mumvuri wababa vangu? Chaizvoizvo ndiri kumboita chii? Pfungwa dzake dzakabva dzasvetukira kune vamwe vaaishanda navo mubasa ravo remapepanhau. Ofunga kumubata kwavaiita. Nyangwe zvavo vakanga vasingamuseki pamberi pake asi zvaiva pachena kuti vakanga vasingamutori semumwe munhu. Nyange dai vaida zvavo, Rondo wacho aive munhu uye wekuti panoungana vanhu pega pega aizopedzisira ava musekiwa. Zvaitozonyanya nokuti Rondo pachake aiti achinge ashaya maitiro aipedzisira abatana nevaye vanomuseka otozvisekawo, sokunge aitoti: a, kana muchindiona serema, bva ndizvozvoka, ndiri rema. Izvi zvaisvota vazhinji vaifarira Rondo. Vaizongonzwa vave kumuti: Uchikurawo mhani! Asi kuti Rondo anyatsokurawo chaizvo zvinenge zvaimunetsa… Pakamboti karimi kakaita sokuti tapi kutimuka, as kakati pakare nho nho nho kachibva kanyura mudota. Zvishoma nezvishoma Rondo akabvisa ruoko rwababa vake kubva pabvi rake. Maziso ababa vake akambovhurika pavakanga vashamiswa asi pakarepo vakabva vangoseka zvavo zvinyoronyoro. 'Hapana chinhu chinoramba chakadaro. Uchiri mudiki zvokuti unogona kuita vamwe vana!' Pasinazve zvimwe zvaakataura mukuru akabva asimuka ndokukweva tsoka dzake akananga mumba. Rondo akanzwa vachikosora zvakaipisisa: kukosora kwakazonyaradzwa pakarepo nokurira kwesasa rapamba parakavhurwa nokuvharwa ivo vachipinda mumba.

Achinzwa kurira kwesasa raivhurika, Rondo akacheuka otarisa kumba. Selina, mudzimai wake akanga amira pamusuo wemba chiedza chaibva mumba chiri seri kwake zvokuti chiso chake chaiva murima. Vakambotarisana kwechinguva vakadaro, Rondo achizobva atendeukira kuchoto zvakare. Aifungira kuti achanzwa sasa richirira zvakare rava kuvharwa mudzimai wake achidzokera mumba. Mwoyo wake wakanga wakati tsv-a, asingadi kutaura nemumwe munhu panguva iyi.

Akanzwa kurira kwekamuti kakati pwa-a padyo naye achibva acheuka. Selina akanga asina kudzokera mumba. Akazvibata kuti arege kumupopotera. (Dai ainge apopota Selina aitoshamisikawo) Pfungwa yokuti Selina akanga asvika paari asina kunzwa kufamba kwake yakanetsa Rondo sokunetswa kwaakanga aitwazve apo baba vake vakanga vauya kuzogara paakanga agere iye asina kuzvinzwa. Pfungwa iyi yakamuvhundutsa, yakaita seyambiro yokuti angwarire nokuti pakanga pava nezvinhu zvizhinji, zvinhu zvaigona kukonzera rufu rwake, zvakanga zvava kuitika iye akavarairwa kana kuti asingazvioni, zvinhu zvaiita sezvinomunyangira. Asi pfungwa iyi yakazokurumidza kudziviririra apo akanzwa kudziyirira kwaiita chanza chaSelina chakanga chamubata pabendekete rake rakanga ragwamba nechando. Akanzwa kunhuwirira kwaiita Selina, kunhuhwirira kweshinda dzemagumbeze dzakanga dzichakamubata. Asina kumutarisa Rondo akaisa ruoko rwake pamusoro perwaSelina pabendekete rake, ndoo kurupfumbatira. Akadzvinya zvigunwe zvaSelina zvokuti zvakarira tyaka apo Rondo aiedza kutsvaga nzira yekuudza mumwe wake pfungwa dzake kwete nemazwi emuromo. Uyewo pane zvimwe zvaanenge aidawo kubva kuno mumwe wake, zvimwewo zvaipfuura kudziya kwomuviri wake chete. Rondo akazendamira musoro wake padumbu raSelina.

'Hamuna kana kumbokotsira kana kamwe chete kwesvondo rose,' Selina akadaro nezwi raiva pasi pasi.

Akapfugama padyo nechoto ndokutanga kugumhanisa zvitanda zvaiva muchoto achizvitsotsonya kuti moto ubvire.

'Ndiri kunzwa sezvinonzi ndanga ndakakotsira upenyu hwangu hwese,' Rondo akadaro apa asina chokwadi chekuti mukadzi wake ainyatsonzwisisa here zvaaireva.

Asi haana kuda kutsanangura – akangonyudza minwe yake muvhudzi raSelina raiva rakaitwa mhotsi hobvu.

'Ini ndakazonyatsorara hope chaidzo madeko. Ndakarara namai. Ndototenda ambuya vangu, amai vako, chokwadi!

Selina akambonyarara kwechinguva, ndokuenderera achiti, 'Mazuva ose usiku hwese kwange kuchingoedza tigere padivi napadivi. Kuzoti madeko, ndinofunga vakaona ndonyanya kutsumwaira vakabva vabata musoro wangu ndokuuradzika pamakumbo avo Handina kutora nguva dzisati dzandibata dzedanda. Handina kunge ndaziva kuti muviri wangu waneta zvakadaro. Zvaitoda amai kundibata saizvozvi, kuti ndikotsire.

'Ndakadzipfodora sakacheche pamakumbo amai.' Pakamboita kamwe karunyararo, Selina achizobva otaura zvainge zvaiva zveshungu. 'Handisati ndamboona munhu akasimba samai vako… Usavarase!'

Kuti dzaiva shungu kana hasha kana kupererwa nepfungwa—hazvina akaziva, asi Rondo akangoera abvotomoka, 'Ko baba vangu?'

Selina akamboti zi-i, ndokuzoti, 'Kudii kwavo?'

'A-a, hapana.' Rondo akadaro achivhara-vhara nyaya isati yaenda kure, sezvaaiwanzoita nguva dzose achitaura nomudzimai wake. Iye zvino apa akanga asingarevesi kuti 'hapana'. Chaaida kunyatsoziva chaicho chaiva chokuti mukadzi wake, Selina aifungei pamusoro pababa vake iye Rondo. Kubvira zvakanga zvaitika tsaona yakatora baba vaiye Selina navana vavo – iye naRondo – kusvikira pari zvino hapana kana chinhu chimwe chete zvacho icho Selina akanga ataura. Izvi ndizvo zvaigaroshungurudza Rondo pamukadzi wake, zvokuzviona saari pamusoro pavanhu vose, vamwe vose – kubatanidza iye Rondo wakare – vari pasi pake, iye ari mambo. Mutongi wavo vose. Izvi ndizvo zvainetsa Rondo izvozvo. Saiye zvino kudai, hapana icho Selina akanga ati ataura pamusoro pababa vake – chakanaka, chakaipa kana chakadii zvacho pamusoro petsaona iyi. Dai Selina ainge ataura, Rondo aizowanawo raangatore. Nyangwe zvazvo aiita saakanga asingazvizivi asi zvakanga zvava pachena kuna Rondo kuti muupenyu hwokuroorana kwavo hwose, mudzimai ndiye ainge anotungamirira pane zvose zvavaiita mumba mavo. (Izvi zvaiva zvinhu zvakagara zvaonekwa nababa vaRondo, zvikavagumbura, vakazvitora ndoo kuzvishandisa.) Saka samazuva ose, iye zvino Rondo akanga akamirira kuti anzwe kuti Selina anoti chii pamusoro pababa vake kuti agowana danho rokutora. Chii chaiita kuti Selina asataure? Asi kuti pane zvaaakanga abata pamusoro pamudhara, kani? Azviudzwa naani? Asi uchimutarisa aisaratidza kunge ane zvaari kuona. Hazvingashamisi kana ivo mai vaiye Rondo vari ivo vakanga vamuudza kare. Rondo akaona kuti kunzwanana kwemudzimai wake namai vake iye Rondo kwakanga kusisiri kwavamwene nomuroora. Akanga azviona kare achifunga kuti ndizvo zvakanaka nokuti nyaya zhinji dzaaisweronzwa dzaiva dzamadzimwene anozvonda varoora. Mai vake nomukadzi wake vaitove bhandi nedhirezi… asi zvino? Zvakare, pauviri hwavo, vaigona kwazvo kutapa runyerekupe. Kakawanda Rondo achiti pfacha nenyaya mumba mamai vake kana momudzimai neimwewo nyaya itsvatsva yaaifunga kuti havasati vainzwa. Wanikei, pauviri hwavo havaimbokunyadzisa nokukuudza kuti nyaya yako yatove tsaru. Vaitokutarisa zvavo kumeso vasingakuudze kuti guhwa rako ndere mwedzi wapera uyo, kana kuti gore rakapera iro. (Achinyatsofunga pamoto apa mushure metsaona iyi, Rondo akaona kuti mai vake nomudzimai wake vangangogona kuuraya munhu iwe usingazvizivi… Vaisareva zvavo munhu hunge ambonzwa kuti vaita makuhwa asi nguva dzese dzavaipedza vachingozevezera munzeve vaitaura nezvei?

'Zvinotyisa,' Rondo akazodaro kuna Selina.

67

'Zvii?'

'Zvetsaona iyi…'

Selina akamboti zi-i, seakaomeswa. Akazotendeuka kubvisa maziso ake kuchoto otarisa kumurume wake. Akasimuka, ndokutambanudza maoko ake ese otora Rondo, ndokumukakata kuti asimuke kubva musofa.

'Handei mumba. Munoda kumbozorodza pfungwa. Handei munonyatsorara. Mangwana ndinoda kukugadzirirai breakfast rakapenga. Kubva zvatakatanga kubikirwa nomushandi handisati ndambokubikirai ini. Handei mundozorora. Handidi kukuruzaiwo.'

'Kundiruza?'

'Eheka! Mungangotorwa nomushandi muchiti ndiye anobika zvinonaka.'

Asi apedza kutaura izvi Selina akabva aregedza maoko aRondo. Akaita saakange ayeuchidzwa chimwe chinhu chaaisada kufunga nezvacho. Akaiga chiso chake mumaoko ake achibva afemeruka zvakadzama. Akapfikura zvine simba.

Rondo akamugumbatira napamapendekete.

'Ndiri kuda kuperekedza baba vangu panoendeswa mutumbi wavo kuGwanda mangwana,' Selina akazodaro ambopukuta masodzi ake.

'Haungaendi wega. Tinoenda tose.'

'Hazviiti.'

'Hazviiti hindava? Asi uri kuti ini ndini nd −'

'Ndati kwete. Hazviiti chete!'

Selina haana zvake kukwidza izwi asi akambobata muromo waRondo achibva auregedza ndoo kutiza achipinda mumba achisiya arovera gonhi mumashure make zvokuti rakaita serichatsemuka.

Rondo akatarisa pamusha pakanga panyangarikira mukadzi wake. Sasa raiita serakanga richiri kubvunda nokuroverwa kwarainge raitwa. Rondo ainyatsonzwa munyama dzake kurwadziwa nokutiza kwakanga kwaita Selina achibva paaive ari. Akafunga kuti Selina akanga aona kuti Rondo aida kutaura chimwe chinhu chairwadza iye muridzi wacho asi chaizongopedzesera chabata vamwewo vepadyo naye. Selina aigaromutaurira kuti zviito zvake zvaiva zvokuda kuzvinzwira sitsi kana kuti kukumbira ruregerero. Zvakangofanana neumbimbindoga − kana kuonererwa. Kungoti chete, Rondo naSelina vakanga

68

vakurira muvanhu vakasiyana. Vabereki vaSelina vaiva nomwoyo mirefu vasinganyanyi kuvhunduka kana mwana atadza kana kukanganisa.

Rondo akayeuka achiudza Selina nyaya yaakaona kuti ndipo paakatanga kuziva nezvoutsinye hwababa vake uye ndipo paakanyatsoziva chinonzi kurwadziwa kwemunhu atadzirwa. Akataura nyaya yegitare raakanga apihwa navamwe sekuru vake, hanzvadzi yaamai vake. Panguva iyi Rondo akanga achine makore mana. Hameno basa raiitwa nababa vake muhurumende iye akanga asingarizivi asi mai vake vaiziva kunyange aiona savakange vasingafari naro basa ravo iri, Rondo aifunga kuti ndiro rakaita kuti vamupe mharidzo yavakamupa iye achiri mudiki kudaro. Izvi zvakaitika pavanga vachigara muOld Canaan, kuHighfield. Baba vakabva kubasa mumwe musi ndokusvika kumba munwe uri munhuno. Hameno chakanga chanetsa kubasa. Mumwe musi baba vakabva kubasa vakawana Rondo achikwengakwenga zvake gitare rake zveupwere ari pamusuo pemba. Vakangosvikohwapura gitare racho ndobva vadambura-dambura waya dzaro vachibva vanorikanda muchoto kuseri kwemba kwaibikirwa mazondo nanamai. Izvozvo vakanga vachizvuzvurudza Rondo nenzeve yavakanga vakabata, vachiti. 'Pano hapana vanaMicky Jagger kana vanaJohn White! Handina mwana anenge rombe ini! Vanhu vasingazivi zvavari kuita! Basa nderokusweroimba muzvitima, chaitwa kana chafungwa hapana. Mbiri yechitsiga, pasina kunoendwa! Hanzi, Rolling Stones! Hapana mwana wokwaRwafa akamboita dombo rinongokungurikirawo zvaro − hakuna!'

Rondo akanga achiri mwana mudiki zvokuti aisatomboziva kuti vanaMick Jagger kana kuti vanaJohn White vairehwavo vaigarepi. Asi akatenge azviitira dope mumabhurukwa kare − izvi akaudza Selina, mumwe wake. Akataurira Selina izvi nokuti aida kumushingisa sezvo vakange vasvika panguva yakaoma. Pakanga Rondo ava kuda kuroora mudzimai wake, baba vake avo vaizviti bhuru rokwaNyashanu, vakapika kuti vakange vasina mwana anonyadzisa mhuri yokwaRwafa nokuroora mwana weDzwiti. Baba vake vakamboita nharo asi dzakakundwa nokuti iye Selina aida Rondo, akavapikira kuti aitofa chete kana vakarambidza Rondo kuti amuroore. Mai vaiye Rondo vakatiwo kana Selina afa ini ndinenge ndichagarirei − zvandanga ndot ndawana muchengeti. Ukuwo vaMzamane, baba vaSelina vakaedzawo zvavaigona kuti vaRwafa varege vana varoorane. Apa pese iye Rondo hapana chaaikwanisa kutaura kana kuita chokuti baba vake vanzwe. Chivindi chacho aigochiwanepi? Marimi emoto wakapisa gitare rake anenge akanga apisa kana nenjere dzake. Kubvira panguva iyi Selina namai vake vakanga vasisasiyani.

Achivaona vari vose, Rondo aimbodonhedza misodzi yokufara asi achizobatwazve nekusuwa paaiona kuti baba vake vaitoita sevanon-huhwirwa kunge vachatopfira mate pasi pamusana pokunzwanana kwaiita vamwe nomuroora wavo. Aitadza kunzwisisa kuti ruvengo rwakadai ruri muna baba vake rwakambobva pai.

Mumwe musi akambovhunza mai vake. Mai vakati, 'Baba vako muZezuru-Karanga. Kare kare, vanasekuru vavo vakambotapwa na-maDzwiti emaNdevere. Yaiva nguva yehondo, hapana zvazvaitwa, asi hondo iyi yakapisirwa mumwoyo mababa vako ikasiya vanga risinga-pore. Kwavari hakuna zvokumboti nguva murapi wezvose. Vachiri kungonzwa kuchema kwemhuri yokwaRwafa ichiuraiwa namaDzwiti. Baba vako mwanangu, zivanga risingarapiki. Chirwere chavo chi-hombe ndechokuti havagoni kuregerera – angava ani – iwe, ini, chero munhu. Munhu wese imhandu yavo.

Zvakaitika – baba vaRondo vakazongopedza vati, rimwe zuva vaita savakati farei, 'Hazvinei, mwanangu. Chindipa muzukuru, chikomana chandinogosiyira nhaka yangu yese iyi.' 'Yese iyi,' Rondo akafunga, yaireva dzimota, dzimba nemari. Achitarisa chivhuno chavo icho chaikonzerwa nokuvatya kwake, akapedzisira abvuma kuti baba vake vaive murume muhombe pane vamwe. Nyange mumazihope ake, Rondo aidai akaitira baba vake chose chavaishuvira.

Mashoko aya ainge akati nyevenutsei hana yaRondo asi pasi raka-museka. Pamusoro pokuroorerwa Dzviti vaRwafa vakabva vapiwa dangwe remuzukuru wechisikana. Havana kuita makorokoto. Selina naRondo vakangonyarara vachiti zvichanaka chete. Ndokubva nhumbu yaSelina yechipiri yaaunzazve mumwe musikana. VaRwafa, avo vakambenge vari Minister muhurumende, baba vaRondo chaivo, vakabva vangoti fototo sezita ravo. Kana kutaura pana vamwe varume vakanga vasisagoni. Chirevo chavo chikuru chakanga chava chokuti, Handina mwana ini.' Vaiona rudzi rwavo sorwakanga rwati ndondondo, dzirikiti, kurova.

Chainyaya kuvarwadza vaRwafa ndechokuti vakanga vapihwa iye Rondo chete, asina munin'ina kana mukoma kana hanzvadzi zvayo. Vamwe vaisazviona zvavo – zvikuru iye Rondo, kana dzimwe nguva namai vake, asi mwoyo wavaRwafa waiva pana Rondo. Nokuti aive asingazvioni, zvakamutadzisawo kunytsoratidza baba vake kutenda pamwe chete nokuremeredza. Somunhu aizviti murume aiona sezvainyadzisa kuratidza rudo kumwana pachena. Munzvimbo yokuratidza rudo aipindurudza zvoita sehasha. Asi muchivande, vaRwafa vaida mwana wavo zvokufa, vachitorwadziwa kuti mwana wacho ndiye akanga asingavadi. Nokudaro vaRwafa vaiva munhu ane bundu pamwoyo. Bundu rainosekwa nomukadzi wavo. Aiedza kuripodza. Aiedza napaanogona somunhu aiziva kuti murume wake akaremara. Asi ivowo vaRwafa vanenge vakanga vasingazvioni, zvakare. Mai Rwafa vaidzoka vopenga kuti murume wavo akanga asingazivi mutsauko womumba nokubasa kwake. Zvaivavhundutsa zvikuru kufunga neremangwana remwanakomana wavo. Hasha dzaifanirwa kuitirwa vaiva pasi pake kubasa ndidzo dzaipihwa kumwana zvokuti kukura kwake kose Rondo aisagona kupindura muvhunzo waanenge abvunzwa nababa wake asingakakami. Zvino kukakama uku kunenge kwakanga kwototonga upenyu hwake hose. Pamusoro pazvo mamwe mabasa aiitwa navaRwafa akanga asingafaniri kuzivikanwa kana nani zvake kunze kwavo ivo naavo vanenge vavatuma, zvakaita kuti Rondo atore nguva refu asati anyatsobata kuti basa ravo rakambenge riri renyi. Izvi zvakare zvakaita kuti pashaye hurukuro pakati pababa nomwana, pamwe nomukadzi wavo, zvokuti munhu ega ega aiita saari mukanyika kake. Mai Rwafa vakanga vakura vachinzwisisa basa romurume wavo, ko zvino uyu mwana wavo?

Rondo aigarofunga kuti baba vake havakanganisi. Achiona kupopota nokushatirwa kwavo aiona savaiva munhu aiva asina kana chimwe chaangonokanganisa. Aida baba vake kana kuti aifunga kuti aivada nokuti kutya nokuda maari zvinenge zvakanga zvisina kunyatsopatsanurwa. Kuti aivada nokuti vaimuitira zvose zvose? Kuti aivada nokuti kwaiva nomutemo wokuti, ida baba vako namai vako? Mai vake aivada asi aigarovatyira nguva dzose pavaipindurana nababa vake Aiona mai sezai raingogona kupunzwa chero nguva. Aivatyira zvikuru

71

Mai vake aivanzwisisa. Ndivo vaaikurukura navo kanhu kose kari papi. Ndivo vaimutengera zvokupfeka zvose kana nezvomukati. Aigona kuseka navo. Asi baba vake aivada saaniko? Vakanga vari kure kure uko, kuna vana Chaminuka naanaSuperman. Kuda kwacho kwainge kutya kunge kuvanamata, aizvishaya pazvo. Akanga asingangoni kuseka navo. Ivo vakanga vasingaseki seki naye. Vaiita savasina nguva kana yokutaura naye. Asi vaiti vakamusekerera kana kumutaudza chete, aiona saapuwa nyembe, kana sadza ainge acharega kudya nokufara.

Selina paakangouya kuzogara mumusha wavo anenge akabva angosvikonzwa mamiriro akanga akaita zvinhu pakati pababa, mai nomwana. Baba varondo vakanga vabvunza Rondo vachiti, 'Anobvepiko? Anoerei?' Rondo paakavaudza vakabva vabuda kubva mumba mavakanga vagere vose namai vakanga vaperekedza Selina kuzooneswa pamusha pechikomba chake. VaRwafa havana kuonekwa muswere wezuva iroro rose. Mai varondo vakazvivhara-vhara vachiti, 'Hamusati mavajairira. Ndiwo magariro avo?' Asi Rondo akavhunduka. Achiona saakanga oda kurohwa somunhu apara mhosva. Akatombofunga kuti Selina achamurambira izvozvo. Zvakangomushamisa pava paya Selina omuudza kuti hapana musi waakanga afara kudarika zuva iroro. Rondo akangofunga kuti paiva pamusana pamai vake. Kubvira musi wokutanga chaiwo iwoyo Selina akanga atora mai varondo savake chaiwo — kana kutodarika ipapo, seshamwari yake chaiyo kuita hwehove nemvura chaihwo.

Rondo anoda zvose mai vake nomudzimai wake, akabvira kare achingovada, asi iye zvino mushure metsaona iyi, haachisina chokwadi kuti ivo havamurevi here vari vairi kana asipo. Havamuseki here sezvinoita shamwari dzake dzaanoshanda nadzo?

Rondo Rwafa anonyatsoziva kuti zvebasa izvi haanyatsogoni zvake. Kutaura chokwadi, akange asingatombozivi kuti basa iri akanga ariwana sei papepanhau reClarion. Mumwe musi mangwanani-ngwanani baba vake vakanga vangoti bherengende mumba maaiva arere ndokusvikoti, 'Benyumundiro, muka. Yasvika nguva yokuzvionera kwete kuramba uri wokwamuitirwa.'

'Benyumundiro!' Aya ndiwo mazita aaiwanzopihwa nababa vake chaiwo. 'Iwe, Muitirwa! Mbudzi!. Chipfukuto!'. Mai varondo vakange vasingafari nazvo zvachose asi vaiti vari kutaura chokwadi. 'Hakuna chokwadi chakadaro,' mai vaRondo vaipindura vakagumbuka. Rondo akanga asingambooni chakaipa mazviri. Aitomera zenze saairumbidzwa nababa vake. Asi iye zvino akanga onyatsoona zvaipopoterwa namai vake pamazita aaipihwa nababa vake. Ava kunyatsofungisisa, akarohwa nehasha, ava kupenga kuti Selina akanga anyatsozviona saka naiyewo akanga asisina rukudzo pana Rondo. Mai vake chete ndivo vainyatsoona unhu hwake, Rondo akambofunga kudaro.

Rondo akangoezorokana ava kushanda paClarion, raiva pepanhau rezuva nezuva muHarare. Akangozoerekana ava pakati pevanhu ava kushanda navanhu vaakaona savaida kumuseka pavakangomuona chete. Chete vainge vaimutyazve nokuti akanga auya naivoshefu vomene, Comrade Rwafa. Saka pavakaziva kuti mwana washefu vakamumomotera senhunzi pandove. Rwakanga rusi rudo asi kuti vaitsvaga ndivhange. Hapana akanga asina chichemo chake. Apa Rondo akatanga humwe upenyu nababa vake. Aivatya asi akanga asingazezi kuendesa zvichemo nezvikumbiro zvavamwe vake kuna baba vake. Chaimushamisa chacho ndechokuti baba vake vaimuteerera vopedza vachigadzirira shamwari dzake idzi zvadzaida. Izvi zvaifadza Rondo. Izvi zvakaita kuti Rondo aone vamwe vake neimwe nzira. Hongu vaimuseka – asi kwaiva kumuvenga here kana kuti kwaiva kusekerera? Akawedzera gumi [mazana] pane zvavaiitirwa nababa vake. Hapana wainyimwa mari kana mwedzi wava mutete. Hapana asina kushandisa zita raRondo kuti awane zvaaida kumabhengi, kuzvitoro zvezvikwereti nokumwewo kwakadaro. Asika iye zvino mushure metsaona iyi – akange asisina chokwadi nazvo. Aigona kuvaitira zvose zvavaida asi ivo vachingomuseka zvakadaro. Tsitsi dzinotsitsirira mwene wadzo.

Zvinhu zvakanga zvichangobva mukuitika izvi zvakanga zvotuma pfungwa dzaRondo nomutumikoto twaakanga asina kumbogara afamba namo. Ochizopedzisira pfungwa dzake achirangarira nokuyeuka zvaigaroitika muupenyu hwake Rondo akaona kuti paiwa nezvizhinji zvaiitika zviine zvezvaireva asi iye achingoti nzira itsvene.

Pavanhu vaaishanda navo, Rondo aiona sokuti Caston Shoko ndiye aiva pedyo naye nyangopo zvake akange asiri sahwira. Caston uyu akanga asinganyatsowirirana navamwe vashandi vose napamusana pokuzviita munhu anoziva zvose. Rondo akange asinei nazvo, saka asingazvioni saka Caston akaona kuti kuna Rondo kwakareruka, kumateru achibva aita chikwekwe naye. Uyewo Caston aida zvokutaura nokunwa doro. Rondo aiva nemari uye asina shungu dzekwainzi kudya munhu nemunyati.

Pamazuva okutanga muhushamwari hwavo, Caston akambobvunza Rondo kuti, 'Baba vako unoziva here basa ravanoita?' Rondo akangosimudzira mapendekete ake seaiti , 'Kana ndazviziva ndogozvidii.' Rimwezve zuva pane imwe nguva Caston akabvunza zvakare, 'Wati wambofungawo here netsaona dzinoitika muna Second Street idzi?' Zvakare, Rondo akasimudzira mapendekete ake seaiti, 'Handinei nadzo.'

'Kana kuti hautombozvizivi hako?'

'Dzomuna Second Street dziri dzega, uchida usingadi.'

'Ishemu? Itsvuku? Ipfumbu?' Rondo akadero achiseka nokushamisika.

Caston akasekerera zvake. Ndizvo zvaaidira Rondo, aiva dofo rakangwara. Rondo akanga aseka nokuti akanga asina kumbofunga nezvetsaona idzi uyezve akanga asingaoni sedzine chokuita naye. Asi iye zvino mushure metsaona yakanga yamuhwapurira vatezvara navana vake iyi achinyatsofungisisa, Rondo anenge akada kuti onei zvainge zvichida kutaurwa naCaston Shoko.

Izvi zvakazonyatsobuda pachena imo musvondo retsaona iri apo Rondo naCaston vaienda kundotenga zvaidiwa parufu – huni nezvinwiwa. Caston akanga ati, 'Nhau ndeyako iyi, Rwafa. Hungava utsinye kana ujerandoga kana tikainyora isu irwo rwawanzwa iwe kudai.'

Pakamboita runyararo kwekanguva, Caston akachizonyatsotarisa Rondo ndokutarira zvinyoronyoro asi zvakasimba. 'Iyi ndiyo tsaona inowanzoitika muna Second Street chaiyo iyi.'

Rondo akadzvokora Caston senhokura yetsuro yakombwa nembwa. Akabefura nerinenge zibuka rokutya kukuru ipapo zvichibva zvangoti ɔhanan'ana mupfungwa make kuti sei airamba kufunga nezvaiitwa ɪababa vake pavaibuda kubva mumba mangwanani nepavaidzoka ɔakati pohusiku dzimwe nguva, kana kuti svondo raitevera racho.

Caston akanyatsotarisisa Rondo akati nechomumwoyo: Yadyira, tsanzi ... Hapasisina chakanaka. Akaisa ruoko rwake pabendekete raRondo. 'Haungarambi uchingofungirwa semwana mucheche, matyewe.'

Vakafamba zvishoma nezvishoma vachienda kumotokari yavo – hapana chavakataura dakara vati pamba paRondo pfacha muBorrowdale. Caston akamisa mota. Rondo akaramba agere mumota saakanga asimo. Caston akambomutarisa ndokumuzunguza achiti, 'Tasvika, Rondo.' Vabuda, Caston achiburitsa zvinhu zvavakanga vauya nazvo kubva mumota akati nezwi riri pasi pasi, 'Pane pfuti iri muhomwe yedheshibodhi. Yakarodhwa.'

Upenyu hwake hwose, Rondo akanga ari munhu aingoti chamuka inyama, akanga asina nguva yokugara pasi achifunga nokuronga upenyu hwake. Hwaingova chauya ndichocho chinoonekwa ipapo. Zvokuti ukadai zvinozodai nokudai, zvigozoti zvakadai, izvi zvichidaiwo izvi – akanga asingazvizivi. Kana tsoro chaiyo akanga asingagoni. Asi mudurikidzwa wedumba nezvinhu zvakanga zvaitika izvi nokwazvanga zvabvira akanga asina kana kumboona asi kuchingova munzeve nomumaziso ake. Haana kuda kupa Rondo zororo. Sokuona kwake Caston, nyaya yose iyi yaifanirwa kuonekwa ichibva kuna vaRwafa, baba vaRondo.

'Chii chakaitika pamabiko aya emutambo webirthday revana vako?' Caston akabvunza sokubvunzurura kwaakanga achingoita achida kuyeuchidza Rondo kuti rungano rune mavambo pakati nemagumo. Rondo hapana chaaiona chakanga chanyanyoitika pamutambo wavana uyu kunze kwekuti vana mudhara baba vake vaRwafa navatezvara vake vaMzamane, vakataura zvinhu zvinenge zvakadira mhiripiri muchoto. Dzimwe nguva Rondo aitoshamiswa kuti pfungwa dzake dzaigona kudzima zvainge zvaitika zvokuti paitosara pakati dzikiti sepasina chakamboonekwa.'

'Ahiwa!'Caston akaramba. 'Kune mudhara mumwe chete chete akanga apa mharidzo. Mharidzo yomudhara uyu ndiyo yakanga yadzima moto, handizvo here, Rondo? Funga fungisisa. Wakanganwa here?'

Zvechokwadiwo, Rondo akabva angoyeuka. Akayeukawo nezvimwe izvo Caston akanga asingazivi. Akayeuka zvakanga zvaitika pamutambo asi akatondera kuti zuva rakanga rapfuura racho mutambo usati waitwa pakambenge paita kahutsi kakati pfumbu pakati pababa vake nababa vomudzimai wake.

Hongu, pakanga pangopera paine kakusanzwanana pakati pavarume ava asi zvakazoitika pamutambo wavana zvakaita sezvinoshura.

Nyangwe zvazvo aiti aida baba vake, nechepasi pasi pomwoyo wake, Rondo aiona sokuti dai zvainzi vaMzamane ndivo baba vake, haaiona achivaramba. Zvaingova mumwoyo make, zvisiri zvaaigona kuti angaudza munhu nomuromo wake. Pachimiro nokureruka kwakanga kwakaita vatezvara vake hapana munhu aivafungira kuti vaive bhizinesimeni akabudirira uyezve vari MP werimwe dunhu romunyika yamaNdevere. Pose paainga aina vatezvara vake Rondo aingogara akafefeterwa, achiona seaigona kutambarara uko nokoko pasina anoti gonyesa tukumbo twako. Aiona akasununguka zvokuti aiziva kuti aigona – uyezve aibvumirwa kuita zvose zvaaida. Rondo haana kumbenge ambonzwa vatezvara vake vachireva baba vake kana kutaura kwaari iye Rondo kuti vakanga vasingawirirani. Paiti pakaita nyaya dzairatidza kuzvipira kwavanhu vapi kana vapi zvavo, Rondo ainzwa vaMzamane vachiti 'Saka tine mazita akasiyana. Munhu oga oga anodavira rake. Asi kufema kumwe chete.'

Nezvemutambo wairehwa uyu, Selina akanga ati zvaiva nani kukoka hama neshamwari dzose kumabiko ekupemberera mazuva okuzvarwa kwevana vavo, Yuna aiva nemakore matanhatu, naRhoda aiva nemashanu. Mai vaSelina vakanga vashaya kare saka vaMzamane vakanga vachangoroora mumwe mukadzi. Selina akanga asati anyatsosununguka namai vake vatsva ava asi paakakoka baba vake akati vagouya namai. Saka, mutsamba yaakanyora yokuvakoka akandozviti bate, uye aiziva kuti vaizvinzwisisa. Baba pavakaonawo tsamba yauya nokwavari vakangoziva zvaaireva, vakabva vangouya vari vega. Vakauya pachine mazuva akati kuti mutambo usati waitwa sezvo vaiva nezvimwe zvavaida kuita muHarare. Saka Selina ainyumwa kuti munhu uyu… Hazvina hazvo kutora nguva vasati vaziva chikonzero kana kuti zvavaifambira muHarare. Chakafadza nokushamisa ndechokuti, pavakanzwa kuti vaMzamane vauya, vaRwafa vakatyaira nota yavo kuenda kumba kwaRondo mangwanani ezuva raitevera nusi wavasvika. Rondo naSelina vakashamisika kuona baba vauya kumba kwavo – zvavakanga vasingangosiita, uye vaitenge vaifara zvikurusa kuonana navaMzamane. Izvi zvakaita kuti Selina anyumwe nokuti kana muchato wavo wose wakanga wakatakurwa navaMzamane. VaRwafa vakanga vati havauzivi. Mai vaRondo ndivo vakanga vamira-mirawo, dzimwe nguva nemisodzi padama nokuti murume wavo akanga avati, 'Wati ndiani ari kuchata?' Vachibva vatokwira ndege vachiti vatumwa Namibia nebasa kwesondo mbiri dzose. Saka Selina ainyumwa kuti munhu uyu... Hazvina hazvo kuzotora nguva vasati vaziva chikonzero chokuti vaRwafa vauye kuzokwazisa vaMzamane. Savamwe vakuru vakuru vebato raitonga, baba vaRondo vakanga vachiva rimwe purazi romumwe murungu ainzi Quayle raiva kuRuwa uko Rondo aigaroenda kupurazi racho somunhu aifarira hake zvirimwa , masango, nenzwimbo dzakashama semapani. Musi wokutanga vakaenda vose kupurazi nababa vake. Mazuva mazhinji akazotevera ainge oenda naSelina. Selina aitaridza kuti aifarira mhuri yavaQuayle. Yaiva mhuri yainge ine unhu. Pose paaiendako Rondo aiuya akagukuchira zvokudya zvavairima papurazi pavo: mukaka, uchi, michero, chipi zvacho chinenge chiriko nguva iyoyo. Vaitoita zvokuvamanikidza kuti atambire zvinhu zvacho nokuti Rondo aiva munhu ainyara kutambira zvinhu kubva kuvanhu. VaQuayle vakaudza Rondo kuti kuzivana kwavo nababa vake kwakanga kwava nemakore, kubvira vachashanda vose mune chimwe chitoro chaitorwa mabhuku mutaundi, asi iye zvino vakange vonyanyosangana vachipfura madhadha nepfuti. Rondo haana kunge aita shungu dzokuvhunza baba vake nezvokunzwanana kwavo navaQuayle. Haana kana kumbofungidzira kuti pamwe zvakanga zvisingagumiri mukuvhima madhadha chete.

'Makambopfura madhadha here, vaMzamane?' Baba vaRondo vakavhunza vatezvara vake musi iwoyo waizoteverwa nomutambo wavana 'Kwete. Mabvunza nei?'

'Ndiri kukukokai kuti muzoona tichipfura madhadha nhasi. Kungoti chete zvingadai zvanyanya kufadza dai mange muchigonawo kupfura.'

'Zvinhu zvinodzidzwa wani.'

'Nokukura kwamaita uku? Munenge makazvinonokera.'

VaMzamane vakarova zisetswa ravo raiita sokuramba vachibva vataura zvimwe zvinhu zvakaita kuti Rondo asekewo. VaRwafa vakafinyamisa chiso chavo savaisazvifarira. Kune kumwe kuseka kwavaiti ndokwenzenza. Vakatevera mugwagwa vakananga kuRuwa muPajero yavaRwafa. Rondo akanga amboda kuti agare ega kumashure achiitira kuti vakuru vake vagare vose vachikurukura nyaya dzezera. Evo. VaMzamane vakaramba vachiti, 'Ndinoita dzungu.' Rondo akapedzesera agara mberi nababa vake zvichimunetsa kuti dzungu raiuya papi panyaya yokugara pachigaro chemberi. Pamharadzano yekuenda kuMabvuku, vakawana paine rori yakanga yakamira padivi pemugwagwa. Yakanga yakazara navakomana kana kuti varume vechidiki vaiimba nziyo dzechimurenga vachisimudzira mazidzvimbo avo mudenga. Paiva navamwe vaitova nouta nemiseve, vamwe namapfumo. Pavakangodarika rori iyi, yakabva yati kweba mushure mavo yosonana navo.'Vari kunopfurawo madhadha here ava?' VaMzamane vakabvunza. Rondo akaseka. Zvakanga zvisina kumbopinda mumusoro make. 'Ende havapotsi,' vaRwafa vakadaro Rondo achibva amira kuseka. Muizwi rababa vake maive nekaukasha kaaisafarira.'Vangarirova dhadha riri kubhururuka namazitanda akadaro?'

'Kwete, edu madhadha tinorova achakavhumbama.'

VaMzamane vakambogomera zisetswa ravo zvakare vachibva vati, 'Mazondisetsa. Pandinonoudza Radhebhe anoumburuka nokuseka.'

Hapanazve chimwe chavakazotaura mumota umu. Achitarisa shure, Rondo akarohwa nehana achiona rori iya yakati name name navo. Akanyumwa. Pamwe chaiva chokwadi kuti baba vake vaindovhima. Asi kuti angava madhadha? Vakambomira paRuwa vachibvisa nyota pahuro nezvokunwa zvaitonhorera. Rori iya yakandomirawo yava mberi kwavo. Pavakaidarika vofamba yakaitawo hwemhuru shure kwavo.

Pavakabuda kubva mumugwagwa mukuru wokwaMutare, vonanga kupurazi kwavaQuayle, rori iya yakatsaukawo yovatevera.

'Komredhi Rwafa, madhadha rudzii amuri kundovhima aya?' VaMzamane vakabvunza neizwi rainge rine kakore katema… mukati.

'Ari pamazai,' vaRwafa vakapindura nezwi raiti, 'Vasandivhunze ¯uti,' Rondo haana kuita shungu nerori yaivatevera izere vakomana ¯aiimba nziyo nekusimudzira tsvimbo mudenga … sokuti kana pasina ¯echazoitika chakanga chisingaitiki kwaari. Aiva mumumvuri wababa vake. Dzaingova pfungwa dzakanga dzakanaka chete, dzisina mazwi mukati. Aitoyevedzwa zvake nezvaiva mumugwagwa wavaifamba namo. Akatombofunga kana paiwa nomumwe wavanhu vaiimba vose avo aiona zvaaionawo mavaifamba namo. Kana pasina nezvavaiona pamwe pfungwa dzavo dzakanga dzisinei nazvo dzichitorwa nemifananidzo yezvavaida kundoita kwavaienda.

Pavakanga vava kuona kuti pavari kuenda apo, kuimba kuya pamwe nokusekesa zvakakwira makomo. Kwakanga kusisiri kuimba chete kuri kwega. Kwairovesa hana. Rondo akanzwa ropa kunhuhwa mumhuno make. Rondo aifarira nziyo, chero dzipi zvadzo. Kana idzo dzaiimbwa navakomana ava dzaimunakidza. Asi iye zvino vari musango, vachidzanha, otarisa kumininidza matanda mudenga, akaona dzisisiri nziyo dzokuti mhuri ingateerera mumba mukagarwa norunyararo. Hana yake yakaita zvokuti mwa-au kurova.

Pavakanga iye zvino vavakusiya chitondo chemisasa, mitondo, miunze nemisusu nemiti yemisharo yomusango yakasiyana-siyana, vava kupinda mukapani kane miti mishoma vakananga kukakorodzi. Rondo akaona nyika yonakidza kutarisa. Pamhiri porwizi paiva nomuturikidzanwa wamabwe mashava anenge akandirwa ngura dzimwe nzwimbo, asi mukati memiti mitema yaibva yaita sango rairamba richienda kunemakomo matema aiva uko kwakasangana denga nepasi. Zuva rakanga rave pakati pedenga mimvuri isisaoonekwi pasi petsoka asi kwakanga kwakati mhomhomho, kupisa kuchiita sokuvaturidzwa, kwaitove kunge kwaita sokuti svibarerei semifananidzo yezvakaitika kare kare iri mupfungwa. Rondo akangokaruka ofunga kuti iko zvino aigona kungoonamhene yovhumatsa uswa hwaiva padivi pomugwagwa yodambura nemberi kwavo. Haana kuziva kuti chaiva chii – kuti aitondera here zvakanga zvaitika kare kana kuti kwaingova kufungira, asi pakarepo mhino dzake dzakazadzwa nomweya wemvura iri kuda kunaya, achibva anhuhwirwa nesadza riri kutsva pamoto asi haana kunzwa kukuma kwemombe – kana kuti akakunzwa? Akati bengenuku, bwai bwai, ringe ringe otarisa kana paine akanga amuona – achiitei?

Vakange zvino voseneneka vakadzika mukarwizi. Vakabira napabhirijhi rekongiri namatombo vopinda murugwezhura rwaiva pamhiri Murwizi maiva nemvura shomanene. Vakanga vokwira chainge chikomo zvino. Vakaramba vachikwira, mugwagwa uchimonyoroka zvokuti munhu waimbotya kuti nhasi muchadonhera murwizi kubva kokoko, vachikwira, dakara vangoti potei seri kwechimwe chibwe vakabva vaita mahwekwe nejipi yakanga yakamira padivi pomugwagwa.

Mberi kwayo kwakanga kwakavhurwa, hwidibo yacho yakamira mudenga zvokuti yakanga yakaviga mukadzi wechichena akanga akakotama akadongorera muinjini. Mai ava vakasimudza musoro wavo vosanganidzana meso avo neaRondo navamwe vake apo vakasvikomisa mota yavo padivi peyake pakati pomugwagwa. Rori yavakomana vaiimba nziyo dzehondo yakasvikomirawo mushure meyaVaRwafa. Mai vakaramba vamira, sevakasuwa, maoko avo aiva azere girisi, rumwe rwakabata chipanera.

Pakamboita runyararo apo Mai ava vaitarisa vanhu vaiva mune iyi mota, navaiva mune iyo, ivowo vanhu vacho vachitrisawo mai ava. Kechinguva zvakamboita sokuti hapana akaziva kuti oita sei nezvaakange akatarisana nazvo. Mai vakazodzikisa hwidibo yepainjini yemota yavo zvine ruzha rwaiti chauya chinooneni, vachibva voti pfuti yaiva mipembe miviri vhomo.

Ipapo vakomana vomurori vaya vakabva vasvetuka-svetuka vachidzika vakananga kuna mai ava. Rondo hapana chaakanga anzwa kana kuona chichiitika asi akangozoshama kuona vaMzamane vakasimudza maoko avo vari pamberi pemhomho yavakomana ava, avowo mai vaya vari seri kwavo.

Vakamboita chimukuyu vakadaro. VaMzamane vakauchira savaikwazisa makurukota padare ndokubva vatanga kutaura sababa kuvana vavo. 'Ngatiregei kukanganwa kuti tose tiri vanhu. Ukandibverenyera ndinobuda ropa rakafanana nerako', vakati nyararei vachinyatsotarisa vakomana vaiva pamberi muchiso nomuchiso. Vakaswedera vachiti, 'Uyezve tsaona inouya sorusudzo,' vakomana vakambopfipfinyika kuseka, 'munongozoereka waregedzera nyangwe pana ambuya.' Vakomana vakazonyatsoseka. VaMzamane vachibva vaenderera mberi voti, 'Sunungukai'.

'Nenzira imwe cheteyo, mai ava vawirwa netsaona vasingadi, vasingazivi. Vari kutsvaga rubatsiro kune wese anogona. Zvangoitawo ezvineiwo kuti tisu tabva tasarudzwa. Tinovabatsira here kana kuti kwete? Ini ndiri mweni munzwimbo ino asi ndiri chizvarwa chenyika ino. Ndinodavira kuti kuno munongoitawo sokwedu, kutambira vaenzi zvakanaka nokuvaratidza tsika dzakanaka. Handifungi kuti pane mumwe chete wenyu anoda kuti ndiende kumusha kwangu ndichiti kubatwa kwandakanoitwa kwandakanga ndaenda uko – ha, hakuna unhu.' Pakaita runyararo rwainzikwa inda kufura, ndokuita sopanozengezeka tsvimbo namapanga zvichiita sezvinonzi dzikiswei zvishoma. Pakabva paita rimwe izwi rakadaidzira noukasha hwokusvotwa nokupedzerwa nguva. 'Shefu! Ndianiko komuredhi ava?' Maziso ose akati jii kutarisa mukomana akanga abvunza uyu. Apa ndipo Rondo akazoziva kuti baba vake vanenge vakange vasvova vasisipo.

Vachionawo izvi, vaMzamane vakashandisa pfungwa dzavo vachibva vati koso koso, ndokuti, 'Mazvionaka. Vandiudza kuti zvanga zvichida kuitwa nhasi hazvichaitwi. Hanzi ndikuudzei kuti mudzokere kudzimba dzenyu. Vachakuudzai nezvechirongwa chitsva nhasi risati radoka. Ini ndini komuredhi wokuBulawayo. Tiri mubasa rimwe chetero, tiri vezura rimwero nenyembe dzakafanana.'

Varume vakambotarisana, Rondo achizoona tsvimbo dzorembedzwa vanhu voti kata kata murori makare. Vamwe vaigunun'una asi vaMzamane vainyemwerera vakasimudza chibhakera, vakati, 'Zvichanaka chete, makomuredhi!' Rori yakaita ruvhesi ichikomuka yodzokera kwayakanga yabva.'Mazviita zvenyu,' mai vaya vakadaro asi vachakangobata pfuti yavo. Apa ndipo Rondo akaziva kuti aiva mudzimai wavaQuayle.

'Chii chanetsa?' VaMzamane vakabvunza vachitarisa mota.

'Yangoti zi-i yoga.'

Rondo akange achinyara kusanganidza maziso ake naamai Quayle. Aifunga kuti vaizomuona sembwende.

VaMzamane vakavhura hwidibo yapainjini yejipi vachibva vabata-bata zvavakabata-bata vachibva vati, 'Imboiedzai tione.'

'Ketetehemu,' kamwe chete, mota ichibva yamuka. Mai Quayle vakatenda vaMzamane zvakadzama. Vakavaudza zita ravo. VaMzamane vakati hapana zvikuru zvavakanga vaita. Mai Quayle vakakuruzira kuti kana vaiva nenguva vatungamidzane kumba kwavo

81

vanovapa doro ne… kana kuti kapu yeti. VaMzamane vakaseka zvavo vachiti vaifanira kuchimbidza kuenda kuitira kuti vabate vakanga vabvapo nerori vasati vawira nayo mugomba. Mai Quayle vakatenda zvakare vakati kana mumwe musi vaizosvikira kudivi iroro vasarega kusvika pamba kuzonwa tii. VaMzamane vakaseka vachiti vakanga vari kutofunga zvokuti vazopfura madhadha naVaQuayle. Mai Quayle vakaseka chaizvo ndokutenda zvakare vachibva vaenda zvavo.

Mushure mechinguva chakati kuti Mai Quayle vaenda Rondo akaona baba vake vobuda vachibva seri kwechigwenzi. Hapana chavakataura. Hapana akavabvunza. Vakapinda mumota vose vachibva vaitenderedza vodzokera kuHarare. Runyararo rwakanga rururi mumota rwakaita serwoda kudzipa Rondo. Uyezve aiona seaifanira kutaura chimwe chinhu pamusoro pezvinhu zvakanga zvaitika musi uyu. Pamusi uyu akanzwa kurwadziwa kukuru kwaidipa kutya kwaaisiita baba vake.

'NdiMai Quayle vanga vafirwa nemota yavo vataona apo.' Rondo akadaro

'Handina kumbenge ndafunga kuti ndimai vako ini.' Baba vakapindura nechinya chaiva pamhanza.

'Unovaziva asi?' VaMzamane vakabvunza vakatarisa Rondo.

Rondo akatarisa baba vake zvokubira. VaRwafa vakanga vakasovera ziso pamugwagwa.

'Ndirikutaura newe, Rondo,' VaMzamane vakadaro.

'Tinosimbovashanyira papurazi pavo. Dzimwe nguva baba vanosimbo…

'Tshombe,' VaRwafa vakaita savanosvipa mate kuri kutaura.

'…vanosimbonopfura madhadha naVaQuayle,' VaMzamane vakazadzisa vachiseka. 'Usatye zvako, Rondo. Handioni chingaipe ini ndavaona somunhu anoda kugarisana navamwe zvakanaka ini. Handiti wavanzwa vachinditi ndigouya konwa tii. Ndinofunga kana newe wakatombonwa tii navo rimwe zuva.'

Vaona kuti Rondo kana baba vacho vakanga vasina kupindura, VaMzamane vakaudza Rondo kuti akanga akura saka aifanira kukwanisa kuona vanhu sezvavakanga vari chaizvo. Vakatizve vamwe vanhu vakaipa, vamwe vakanaka, asi chakanga chakanyanya kuipisisa ndechokuti ruzhinji rwedu isu vanhu tainakidzwa nokutarisa kungoona nokutaura zvakaipa zvavanhu.

Vakataura rungano rwomumwe muRungu wavakati aiva nepurazi kumakomo eManhize. Murungu uyu akanga asiri svikiro zvake asi aidavira kuti kune vadzimu. Kudavira mune zvavadzimu here kana kuti kwete yakanga isiri iyo nyaya yavaida kutaura, VaMzamane vakadaro. Chete kuti iye muRungu wacho zvinenge zvaimubatsira. Zvichitaurwa zvainzi izvo sekuru vomuRungu uyu akagara munzwimbo yevanhu vokwaPazho. Nzvimbo iyi yaiva nedziva raiyera rainzi Kapa Saka muRungu paakasara munzvimbo iyi akabva atora zvose nedziva iri, pamwe nama... ... namatondo aiva namakwenzi emishonga yokurapisa, zvese nemikoko yenyuchi − zvose zvairaramisa vorudzi rwaPazho zvakanga zvava zvake nesimba romukundo. Asi mushure mamakore matatu muRungu uyu − vaimuti Kakuyu − atora nzvimbo iyi hapana kana nechinhu chimwe chete chaakabura. Gore negore mombe dzake zhinji dzaipera kufa nechirwere chaisazivikanwa. Makudo, njiri kana kuti nguruve dzomudondo pamwe neshiri zvaiti sima iwe tidye isu.

'Akanga oti otengesa purazi aende zvake apo mukuru wavanhu vokwaPazho akamutaurira zvokuita. Chaivapo apa ndechokuti nyangwe zvazvo Kakuyu uyu akanga awana nzvimbo iyi nomukundo, akanga asina utsinye. Ainzwisisa zvido zvavanhu vaPazho zvokupira panaKapa, dziva ravo remidzimu, zvokutarisa nokukusha mikoko yavo nenzvimbo yamadzitateguru avo maiva ndimo mavaiva varere, mune makuva avo Saka mukuru wavo akati kandiro kanopfumba kunobva kamwe ndokuchiruma Kakuyu uya nzeve achiti atenge retso, jira riya roruvara rutema noruchena. Mukuru akaudza Kakuyu zvokuita mangwanani oga padziva pana Kapa. Akamuudza mazwi aaifanira kutaura achikumbira kubva kuvaridzi venzvimbo iyi. Aifanira kuti adaro, osiya chitswanda chezviyo − rukweza kana mhunga.

'Kakuyu akakohwa samambo mumwaka wakatevera wacho audzwa zvokuita. Mhou imwe chete bedzi ndiyo yakafa. Inenge yakafa yakurawo zvayo. Kakuyu uyu ndiye aiva sekuru vomuridzi wepurazi iri nhasi. Vanhu vokwaPazho vanopinda nokubuda pamadiro mupurazi iri vachindopira midzimu yavo panaKapa, vachindomaira marinda amadzitateguru avo, vachindoteya mikoko yavo, kana mariva, mindete kana kunochera mishonga...'

83

'Nyarara, mutengesi!' vaRwafa vakadaro vachidzvanya mabhureki epajero, ichibva yamira kuti ndingwi'

'Chimbonzwaizve nyaya yacho..'

'Kana muchindinyarawo…' vakabva vamutsa mota voibhururutsa sevasvikirwa vachienda.

Rondo angadai asina kutondera nyaya iyi dai Caston akanga asina kumuvhunza kuti akanga achatondera here zvakanga zvaitika pamutambo wevana vake. Icho chakambenge chaitika pamutambo uyu chaiva chiiko? Mutambo wakanga wanyatsotanga zvakanaka, uchiratidza kuti uchakaronakidza. Pakutanga hapana munhu akanga aine basa namadzisekuru maviri aivapo aya ainyatsozivikanwa kuti aiva magamba mune zvamatongerwo enyika. Vaitonyanya kuonekera nokuti vaiti uyu ari kwake, uyu kwake, vasingapiringishani. Kune akange asingazivi rungano rwavo kana kuti kusanyatsotarisisa haaigona kuona tumvarimvari twainge twemoto twaibaka nokunyemwerera kwavo kwainge kwekumanikidzira nokuseka kwavo kwaiva noruzha runenge rwaida kundoti pfuuridzei chikero apo vaiita makwikwi okuseka nokuvaraidza pwere nemhere dzavabereki vechidiki vaivaunganira vachivakomberedza. Vamwe vangati VaBasil Mzamane ndivo vangadai vakahwina makwikwi aya dai vakanga vasinganyanyi kuzvisunga somunhu akange asiri pamusha pake. Pane imwe nguva vaRwafa vakatora mukombe pavakataura kuna VaMzamane norukudzo vachiti, 'Mr Honourable MP'. Vanenge vairevesa parukudzo urwu. Hapana change chakaperedzera kuti vainge vachivaseka kana kuvapurura nechomumwoyo – vanhu vane chitsama vakadzamirwa nazvo zvokuti vakakotamisa misoro yavo vakatombopedza chinguva vakanyarara. Izvi zvakaratidza chakanga chisingazivikanwi navanhu vazhinji soruvara rwaVaRwafa. Pakaita kunyevenuka kwakaita semhepo yorudo norunyararo yakanga yapfuura nepo mushure mamashoko aVaRwafa aya. Kana Selina naRondo vakatombofara vachiti zvavairwarira, zvavainamatira zvainga zvazoitika. Selina akanzwa manyemwe kuti mutambo wavana vake wakange wasevenza basa rawaifanira kusevenza.

Ndipo pakadaidzira rimwe izwi richiti: 'Komuredhi Minisita,' – nyangwe vakanga vasisiri minister zvavo vanhu vakange vachiri kungodaidza vaRwafa vachivati Komuredhi Minisita) – 'Komuredhi Minisita, hamuna here rungano rwemungataurire vana vedu ava.'

'Ehe, eka, Minisita,' rimwe izvi rakatsinhira. 'Hatisati tambokunzwai muchitaura zvamakaita muhondo yechimurenga. Hamufungi here kuti vana vedu vangangone kufara vachiziva kuti pedu pane gamba rakarwa hondo semi.'

Rondo haana kutondera kuti akatangisa nyaya iyi ndiani.Aito-fungidzira kuti aifanira kunge ari mumwe wavatapi venhau vechidiki vavakupfeka mhotsi sengundu dzoutema hwavo nhasi uno ava. Ndivo vane shungu dzokuti zvinyatsozivikanwa nani wose zvake kuti vanhu vatema vane nyika yavo, nehistory yavo, nounhu hwavo. Zvisinei kuti akanga avhunza ndiani asi achirangarira, Rondo akaona kuti apapa apa ndipo pangadai pakamisirwa nyaya yose. Asi hapana munhu akaimisa. Rondo akayeuka kuti kana naiye akanga anzwa sezviya zvaaisiita kana paine chinhu chaanenge anzi asaite, aizwa mwoyo kur-wadzirwa kuti dai ndachiita chete. Naiyewo anenge aida kunzwa rungano rwechimurenga ruchitaurwa nababa vake asi ainzwa mhino dzake dzichinhuhwa ropa saaida kubuda mututu.

Uchitarisa kudai, zvinhu zvese zvakanga zviri muchechetere, tonho mvura yeguvi. Twana twaiita mheremhere tuchitandanisana nokup-furana nepfuti dzemvura kumeso nokudhuutsa maroketi, moto uchimwararikira mudenga. Rondo navamwe vake – shamwari, vavakidzani navaenzi vakanga vachigocha nyama pambaura dza-makumbo dziya, vachikurukura nokuseka zvavo magirazi edoro ari mumaoko. Aya madzimai akanga ari kudivi rawowo vachikurukuri-rana dzavowo. Pakanga pasingataridziki sokunge pangaite chimwe chinhu – kana chamupupuri zvacho – chingakanganise kugadzikana nokufara nokuwirirana kwakadai uku. Asi mumwe munhu akanga avhunza muvhunzo ndokushaya akamisa muvhunzo uyu sango risati ranyekera apo VaRwafa vakasimuka vachidaidzira vachiti, 'Mune chokwadi chokuti munoda kunzwa izvozvo zvamuri kuda here?'

'Hongu!'

Ipapa hana yaRondo yakati mwa-au. Hapana zvakare munhu akaona vaBasil Mzamane vachinyeruka kubva apa, vofamba neyad-hhi vachiyeva maruva nemiti zvaiva mugadheni romwana wavo no-murume wake.

VaRwafa vakati vana vose vagare pasi vakapfunya chisero patsangadzi vakatarisana navaRwafa. Vanamai vakagarawo pasi seri kwe-vana vavo, avo vana Rondo – navarume vose ndokuti mumasofa zunye zunye makumbo akapiyaniswa, doro richinwiwa, vakaita denderedzi sechidziro kuseri kwavanhu vose.

VaRwafa vakatanga kutaura nezvoutengesi, vakataura pamusoro pa-vanhu vakangogara vari mhandu dzavanhu kubvira pasichigare. Mhandu dzenyika. Mhandu dzerudzi, mhandu dzemhuri. Mh-wengezhuri, mharapatsetse nomakororo emombe dzavanhu. Mhandu yomunhu. Vanhu vaisvipira mate kumeso kwavamwe vavo. Vapam-bipwere. Vanamanyengavana. VaRwafa vakataura nezvokumuka kwavo kubva muhope dzokusaziva basa revakanga vaverirwa kana kusikirwa. Vakataura vasisambonyari vachizvirova dundundu nezvounyanzvi nougamba hwavo. Vakaburitsa zvavaiti vakange vak-wanisa kuita. Vakadonongora twese tumhingamipinyi twakanga tuchida kuvatadzisa kubudirira muzvinangwa zvavo. Makomo namapiripotyo zvavakanga vadarika kuti vasvike pavaiveri apa.

'Zvimhingamipinyi tingangoti isalad – hapana zviripo.' Vakadaro. 'Chinhu chikuru chavaifarira kuziva ndechokuti icho, hapana mwana wokwaRwafa anoita nhamba two, kana kutevera shure komumwe. Kana ari Rwafa nzvimbo yake iripo apa pamusorosoro chaipo, uko mberi mberi kwegurumwandira roruzhinji rwavanhu. Hapana munhu ane ropa rokwaRwafa anobatiswa matope avamwe vanhu.'

Vakaodzvoka, nhivi dzemiromo dzichipupira nefuro, maziso akatsvuka kuti kovo-o kutsvuka sesimbi iri mumarasha inoda kup-furwa. Izwi ravo rakakwirira richinge rairwadziwa navana vanenge vakadzi, vana vasina nyadzi vanoroora mumhuri dzemhandu dzavo, vachizadza tsvina muropa remhuri yaRwafa.

Kwakatanga varume – mumwe nomumwe – vakasimuka chin-yararire, anenge akwanisa aingokatanura mwana wake noruoko kubva mukati mevamwe, omutungamidza kwaiva nemota. Vamwe vana vain-gosimuka vega vaona baba vavo vasimuka. Zvinenge zvairemera vanaamai kuti vasimuke vasina kuita tsika yokunyatsooneka asi kana naivo vakazongoti nyamu nyamu ndiye mwanda apa vanababa vakanga vozhambidza mabhera emotokari idzo injini dzototinhira kare.

Rondo akasara agere, akabata girazi raiva rizere nedoro raaisanwa.

Musoro wake wakanga wakarerekera pasi. Haana kugona kutarisa baba vake avo vakanga vaita zvino sevasvikirwa. Vakarova pasi nomubhadha wavo wavaidisisa uchibva wapipfuka napakati.

Yaiva tsvimbo yakashongedzwa zvakaisvonaka, vakanga vaipihwa namadzisahwira enyika yavaifarira kuMaputo. Tsvimbo iyi vaiida nokuibata somwana. Vachitarisa chibimvu chaiva muruoko rwavo vakazotarisazve chaiva pasi vachibva vapisika dikita kubva kumeso kwavo. Rondo akaramba agere achiteerera zvairotomokwa nababa vake.

Aiona sokuti pakange paine chimwe chinhu chakaipisisa chakanga chiri kuitika, kana kuti chakanga chatoitika, asi akanga asingagoni kuziva kuti chingave chii. Vamwe vose vakanga vaenda. Iye ndiye ega akanga asara pamwe navana vake. Haana kuona kuti Selina, kana mai vake, kana kuti VaMzamane vakange vaenda kupi. Rondo akatarisa vana vake, Yuna wamakore matanhatu, naRhoda aiva namashanu. Akatarisa kuvhurika kwakanga kwaita maziso avo – sevaishamiswa miromo yavo yakakanhama vagere vasingapfakanyki vakayeva sekukru vavo vaRwafa vachibongomoka, 'vanoda kupfungaidzirwa, vafurufushwe, vaputitsirwe mabhambu mumwena yavachakahwanda, vatengesi!'

Achiyeuka zvose izvi Rondo akayeuchidzwazve zvimwe zvaakanga atokanganwa. Zvakamushamisa kuti akanga akanganwa zvinhu zvakadaro chirudzii.

Mumwe musi Rondo akange aona mango dzakatsvukirira zvaimedzesa mate dziri muyadhi yavavakanga vakavakidzana navo. Akanzwa mwoyo akati rega ndigotorawo mbiri kana nhatu ndinzwe kuti dzinodii. Akanga achiri chikomana, haana kunge aona kuti pane chakanga chaipa pakutora mengo idzi. Muridzi wemengo akamuwisira pasi noruoko rumwe chete, rumwe rwakabata shamhu yomusasa, ndokutanga kuzvambaradza Rondo. Mai vaRondo pavakanzwa izwi romwana wavo richizhamba vakasiya zvavaiita ndokumhanyirako vakakumbira murume uyu kuti arege kurova mwana, asi murume uyu haana kuzvinzwa. Mai vaRondo vakasvotwa zvokuti vakangokaruka vafukura marokwe vachituka murume uya zvainyadzisira. Murume uya akadaidzirawo achiti, 'Hure!' Uku achirova Rondo achiti, 'Mwana wehure. Akakurira mupitikoti yamai!

Pakarepo varRwafa vakabva vasvikawopo. Vakabata bhandi rebhurukwa ravo raiva reganda renzou. Vasina kana nokumbovhunza kuti vanzwe zvakanga zvaitika vakangosvikotanga nokubhura Rondo.

Pakanga pava namakore akawanda kwazvo pakaitika izvi asi pfungwa yokuona mai vake vachifamba namabvi vachiti vakabva pane murume uya voenda kumurume wavo, vachiuchira vachikumbira kuti vachimuregerera, 'haachazviitazve, mondiurayira iro ziso rangu rimwe chete.' Achifunga nokuona izvi mupfungwa dzake zvaibva zvavhiringidza pfungwa dzaRondo. Akanga asingawanzodi kufunga nezvenyaya iyi. Uye hapana kana mumwe munhu aakambenge ataurira nezvayo kana mukadzi wake chaiye akanga asina kumbomuudza. Panguva iyoyo, anenge akanga aine makore masere chete, ndipo paakaziva chinonzi kushaya simba, kushaya chokuita, kukurirwa kokuti hapana kwunonozvitaura. Zvakadarozvo mai vake vairamba vachingovhara-vhara: 'Baba vako vanokuda chaizvo chero somunhu womurume havazivi kuti vokutaridza rudo urwu sei.'

Ndiko kufamba kwakanga kwaita zvinhu pamutambo wevana uyu, Rondo akayeuka. Vanhu vaenda vasina kuoneka pakanga pasina nyaya yokuti zvinhu zvizosara zvikaita zvakanaka. Mweya wavaifema uyu waiita soune tsono. Vanhu vaiita savanotya kugunzvana. VaMzamane vakambozama kuita nyaya dzinosetsa asi vakazongoregawo voti vaida kukurumidza kundorara kuitira rwendo rurefu rwavaizoita kuenda Bulawayo muzuva raizotevera racho.

Ndipo VaMzamane vakakumbira Rondo naSelina kuti vavarege vaende navazukuru vavo, 'Ndinoda anondivaraidza ndichidhiraivha rwendo rwacho rurefu,' vakadaro VaMzamane. Vakatizve vakanga vasati vambonyatsoonana kwenguva refu navazukuru vavo.

Selina naRondo vakabvuma vachiti vakanga vasingaoni chakaipa. VaMzamane vakanga vataura vachionekana naVaRwafa zvose nemhuri yavo manheru iwayo. Chinhu chakagonyanya kuyeukwa naRondo pamusi uyu ndechokuti akanzwa mai vake vachivhunza, 'Pane ambondionerawo kwaendwa nomurume wangu?' Vanhu vakanga vaseka asi achiyeuka pari zvino Rondo akazvivhunza kuti chii chakanga chaitika nokuti zvaisave zviri zvega kuti mai vake vavhunze nuvhunzo wakadero. Kakanga kasiri kokutanga varRwafa vachingosvova zvavo kuenda kwavanoda vasina wavaoneka. Mai vakanga vazvijaira vasisavhunzi. Asi musi uyu vakanga vavhunza. Izvizvi Rondo akanyatsozviyeuka.

Rondo akasimuka obva pamoto mutende muya opinda mumba yavaeni iyo yakanga yashandiswa nababa vake musvondo rose rokuchema. Haana kugogodza pamusuo. Akawana baba vake vachiverenga magazine vagere musofa. 'Ko chinono ndechei? Wanga uchiri kuitei?' Baba vake vakavhunza vasina kubvisa maziso avo pavaiverenga. Baba vake vakange vasina kumuti agare pasi. Rondo akatadza kupindura. Akaburitsa bepa kubva muhomwe make ndoo kurigamuchidza kuna baba vake.

'Zviri kuramba kuti ndibvume kuti ndiwe waita basa iri,' baba vake vakadaro vachiseka setswa dzainge mabwe ari kugayiwa. Kuseka kwavo kwakashanduka kwava kuita sokukachidzwa apo vakaona pfuti yaiva muruoko rwaRondo. Chete yakanga yakabatwa zvisiri izvo. Rondo aitoita saakanga achitambidza pfuti yacho kuna baba vake, kumubato wayo kuri iko kwakavanongedza.

Maziso ababa vake akavhurika zvakare, misodzi yokusuwa kukuru ikazadza chipfuva chavo. Vakatarisa namaziso akaneta muchiso chomwana wavo mumwe chete karikoga, ziso rekondo. Vakabvongodza chiso chake chose vachitsvaka pavangabata, pavangasimba napo, pangavapa mufaro netariro. Vakati, 'saka zvose izvi zvakabva mumwoyo mako, nhaika?' Vakahwapura pfuti iya kubva kuna Rondo vachibva vainongedza pamhanza pake.

Rondo akanga ava dombo zvaro paakanga amire, asisina kana nepfungwa zvayo. Kwakanga kusiri kushinga asi kuti unhinhi hweumbwende, huya hunopedza hwashayisa kana nyanzvi chaiyo zano. 'Kupusa', vaimuziva vaaishanda navo vaigona kudaro zvavo, asi vakanga vasiri mumwoyo make. Nyange iye aivanzwisisa pavakange vamire. Pasina kutya kana kusuwa pane kamwe kamweya kakangobva pasi pasi pepfungwa dzake kaiti dai baba vangu vandiuraya zvangu. Yaibva yangoperera ipapo nyaya. Vanenge vaita zvinhu nemaitiro avanga vakangojaira mukugadzirisa zvinonetsa muupenyu hwavo.

'Handisati ndamboshandisa pfuti muupenyu hwangu,' Rondo akadaro asingavhunduki, achiita saanonyemwerera kukumbira ruregerero. 'Ndinoziva kuti izvi ndizvo zvamunogona kukunda ini izv

89

– handiti ndirwo rungano rweupenyu hwenyu hwose?'

Baba vake vakamboramba vakamutarisa vakamunongedza nepfuti, iye rava ibwe zvaro zvino, kunze kwekuti akanzwa oda kunyemwerera. Hapana chakanga chichamunetsa sezvo nyaya yakanga yogadziriswa navaridzi vayo. Vakambotora chinguva vakadaro vaRwafa vakazodzikisa ruoko rwaiva nepfuti zvishoma nezvishoma. Vakaigadzika pasi. Vakapinza ruoko rwavo mukati mebhachi ravo vachibva vaburitsa chavo chivhorovhoro chebasa. Rondo akangoyeva zvose izvi asingatsukunyuki, akanga achiona bhaisikopu. Ipapo baba vake vakabva vadzvova nehasha,

'Budai muno mese! Muvhare musuo wangu!'

Rondo akateerera zvakanga zvarehwa. Paakatendeuka otarisa kumusuo, akaona Selina akamira pamusuo, akabatawo pfuti. Selina haana kuita nharo apo Rondo akamubata zvinyoronyoro vobuda vose. Rondo haana kucheuka paakakweva sasa zvinyoronyoro dakara rati gwadi, zvisina mheremhere.

Kurira kwavakanzwa seri kwesasa kwainga kwechivharo chemuti chiri kubviswa pamuromo webhodhoro rewaini. Rondo haana kana kucheuka, maziso ake aiva papfuti yakanga yakabatwa naSelina. Selina akaita seanovhunduka achibva aitarisa pfuti iya, oitambidza kuna Rondo achiti, 'Ndaipihwa naamai.'

Rondo akangokotamisa musoro wake pasina cheakataura.

DAI MAIGURU JEAN VAIZVINZWA VAIZOTI CHII?

Chris Wilson

Yakaturikirwa naMusaemura Zimunya

'*Honaiwo Bradley, vamutorera purazi yake, manzwa*
Purazi yemhuri yake.
Atoshushikana nazvo samare.'

Hanzi honaiwo Bradley, eh! Sasikamu zvaro! Munyepi uye, chimwayange! Mhata zvayo! Ndatopererwa nemazwi okumureva. Dambudziko nderekuti munin'ina wangu iyeye. Handikanganwe paya paakativhakachira kupurazi nguva yezororo rechikoro ndokupedza nguva yose achivavira kodzokera kudhorobha. Aiti akambotsoropodza imbapurazi hanzi kutsveyama, zvozonzi handipindi mudziva renyu rokutuwinha nokuti pasi paro hapana kurongwa mataira. Hanzi masitepisi ekupinda nawo mudziva akati tande tande nemazai amatatya, midhuri igoita kutsvedza nemadzihwa. Zvisinei, akapedza mazuva ezororo achizvigocha muzuva pedo nedziva rakare, achizvizora mafuta ekutsvukisa ganda. Zvechipurazi aisava nehanyana nazvo, kanawo nechipi nechipi zvacho, kana ndichizvitarisa.

Mumwe musi baba vangu vakati, 'Uyu mfana anoda kunyatsombobvurwa, ndokuti ati twasa.'

Vabereki vake vaishushikana kwazvo pamusana pake. Babamukuru

91

Barry vaive gweta guru raive rakadira mari mustock exchange. Tete Jean vaivewo jaji wemakwikwi ekuronga maruva munyika dzakasiyanasiyana. Vaigara muzimba zihombe muna Orange Grove Road, rakati chee nezvigadzirwa — makapeti ekuPersia, mambhokisi ekamva, minhenga yemhowani, machira ekuita mipanda mudzimba echiChaina, zipiano guru — zvakangosangana sangana nezvimapaintings, kochizotiwo mamwewo marara akadai semisoro yakaomeswa yemhuka dzakapfurwa naBabamukuru Barry yakaroverwa kumadziro ebhawa, nezviunganidzwa zvemakiyi avo. Bradley aisaonana nevabereki vake, saka aitove nekakoteji kake mugadheni, mukati mako kaive kakanamirwa mifananidzo yana David Bowie naMick Jagger nedzamatsama remadamba aiti: Santana, Roxy Music, The Doors. 'Ndo-o chete zvinofirirwa izvozvo,' baba vake vaingogunun'una. 'Usiku nesikati, kusweroteerera marabishi iwaya.'

Kwava nemakore mazhinji kubva ipapa. Ini naBradley tave varume vakuru. Ndakamuona pandakanga ndiri kuUK mwedzi wapera. Ndoo kwaanogara asi achiita mabasa munharaunda dzekuMiddle East. Anonyebedzera kunge mumwe wevaye vanopona nerurimi vachibatsira kuyanana pakuvaka mabasa ezvikwata nekudzidzisa nzira dzekurerutsa zvinonetsa muvasevenzi mumakambani. 'Kunetseka nekuwanda nekupesana mumabasa hazvisi zvinhu zvakaipa nguva dzose,' ndiye uyo achitaura. 'Unogona kuzvitendeudza zvigova nzira yekuwana nayo simba, chinongodiwa chete kuzvitora mushe.' Aive achangobva hameno kupi kuhorodhi inoshamisira, iye zvino ave nezvipfeko zvine maruva akawanda nezidumbu zihombe. Ave kupfeka zviwasikiti zvemaoresa nemaziringi akasunga zvigunwe zvakafuta.

Ini zvangu handichaonekwi, ndotohwanda hangu nema*paintings* angu.

Paakapedza chikoro Bradley akapinda muCape Town University maakanoita zvidzidzo zvisinganzwisisike, fanika History of Music and Comparative Religions. Kubvira ipapo akabva abuda pachena kuti ndo zvaainge ari. Muchinguva chidiki akatanga kusheedza munhu wose wose kuti '*Darling,*' nechizwi chinotarisira pasi apa achindishandisa, ini waaiziva kuti ndaivhiringika panyaya dzekunyenga mukadzi kana murume zvokuti ndaizopedzisira ndanyarara zvangu. Aindishandisa kuratidza vanhu kuti iye ndiye shasha yakashinga, isinganyarare uye yakasununguka panyaya dzenyama. 'Darling, ungangofa uri mhandara here, nhai?' akabhozha.

Zvisinei hazvo, kubva ipapo akananga mhiri kwemakungwa; kwemakore mazhinjisa hatina kumbomuona. Neniwo ndakaenda kuEurope kwekanguva kadikidiki, ndokudzoka chimbi. Ndaive ndanzwa nechisuwo kare. Zvinenge kujaidzwa kasi ndakatenge ndofunga kukwira chikomo, ndoti tende pamusoro pematombo, ndichifefeterwa nekamhepo kaye. MaShona anoti ukama hwavo nevhu huri mumweya wavo. Honguka, ko pane asina ukama nevhu mumweya make here?

Pakafa vabereki vangu vose Penny, hanzvadzi yangu, naMark, murume wake, vakagara nhaka yepurazi. Vaiva nechido chekusiyana nekurima fodya, kuti varime zvakasiyana siyana vachikoshesa manyowa nemitsakwani, kwete mafetiraiza, asi vakaona kuti hazvikurumidzirwe. Vakaonawo kuti sevazvinapurazi, nyika yaive yasanduka ndokutanga kusimudzira upenyu hwavasevenzi vavo, nekuvakurudzira kuti vazvirimirewo chibage, michero inopa utano nemiriwo. Vakapa mukana wokuti mwana wega wega apinde chikoro uye awane rubatsiro neutano nezvimwewo zvakadaro.

'Onai, zvinotibatsira izvi,' vakabvuma chokwadi. 'Uyewo, kungori kutanga, basa guru rinotevera.'

Mazuva iwayo ndiwo andakaneta nekuedza kurarama mudhorobha semudzidzisi wepainting, ndokuti regayi ndingoita painter zvachose. Ndakapinda zvangu mukoteji yepapurazi yakasakara yaive yakandimirira kuti ndiigadzire ndigogara mairi. Ndozvandakaita ndokutanga kusevenza nesimba kugadzirira exhibition yemapainting angu.

Mugore ra1996 Babamukuru vakabatwa nemwoyo. Ndinocherechedza varere muchipatara nekachubhu mumhino nemurwi we*Scope* magazine yaive nemakavha ane nemifananidzo yemadzimai asina kupfeka parutivi pemubhedha. 'Ya, Barry, zvandakuvigira mabhuku aya, chirega zvekutsonya manesi,' vakadaro Maiguru vachimaisa pasi.

Pavakafa, vakasara vega muzimba guru negadheni ravo. Tikati zvavo vane mari, nemafungiro edu, tisingazive kuti mari yose yainge yakakotswa kunze kwenyika yaitenge iri yaBradley. Maiguru vakasara nedzimba mbiri, imwe yavaigara neimwe kuBorrowdale yavairendesa, nemazimari aive muPost Office avaipota vachiwana mugowo we25% isingatorwe mutero nehurumende pagore pega pega. Yaitonyatso-vararamisa upenyu hwose – aya aivewo mafungiro edu tisingazive kud-hinguka kuchaita Zim dhora redu. Maiguru vakaramba vachigara upenyu hwenoto, huchitsigirwa ne-maruva. Sajaji wemakwikwi epasi rose, memba yeWorld Wild Floral Art Association neIkebana Ineternational, vaingosheedzwa kose kose. Vakamboenda New Zealand, Canada, UK, kozoti Japan, haiwavo. Vaipotawo vachiita ratidzo vachikwira ndege nemaruva avo achang-otemwa mugadheni ravo vobva vati ichingomhara vobuda mueyapoti vonanga nawo kwokunoratidzira. 'Kana uine zano,' vaitsanangura vachipuruzira tumhanda twemaruva twakareba tune minzwa nenzara dzavo dzakatsvuka nokupendwa, 'chaunogadzira chinofanira kusheedzera chinangwa chako.' Rimwe zuva pepanhau reThe Herald rakaburitsa musoro wenhau unoti 'ZIMBABWE YAZVIITA ZVAKARE' pamwe nemufananidzo wainzi 'Kudziya KwePasi', zvi-nova zvakavawanisa mubairo wokutanga mumakwikwi akaitwa ku-Toronto. Zidemhe rehozhwa hombe, zvimaruva zveSabi star zvakamwaiwa mwaiwa nechidimbu chedanda chakaiswa padhunduru remajecha ekumahombekombe kwegungwa akavakwa semepu yeAfrica zvakatenderedzwa nemaruva ehydrangea anenge ane ma-furo. Vakapererwa nekusanzwisisa kwedu nokutitsanangurira se-vanoona pwere vachiti, 'Chitsuvaka, nhai, ichi! Chava kuda kunyura nekukwira kuri kuita makungwa.'

Taigarodenha amai vedu tichiti, 'Munodii kuitawo zvakadai?' Tichivafananidza naMaiguru, vainge vasina chokwadi kana kurongeka pane zvavaiita. 'Maiguru Jean vaizoti chii?' Penny aidaidzira achitarisa dzama ramaruva akanaka aingomanikidzirwa mumavhasi nemakeke akangotsveyama, mabhisikiti akapiswa; kuzoti madhirezi avaizvison-era vega!

Panguva iyoyi, Bradley ainge achidhuukirwa neupenyu fanika tsunami chaiyo.

Dai kwaive kuti mugowo wepfuma wake wenhaka waibatwa ne-mazvo, aitozopedzisira awana mudyandigere kwawo. Dambudziko racho nderekuti aigara upenyu hweshoroma muLondon, achipinda neshasha dzemari nevamwewo vanozivikanwa zvikuru, vakatsveyama pfungwa nevanoshamisira. Vakuru vanoti mbudzi kudya mufenje hufana nyina. Akange atora havi yaamai vake yekuita gumbomutsvairo, achibva azovakunda nohuwandu hwenzendo achitumira mapostcard kubva kwakasiyana siyana. Akazombodzoka kuZim kamwe chete. Akauya kupurazi akambotenderera tenderera kunge zvinonzi ndiye muzvina. Akambomira akacherechedza kumakomo. 'Nechemukatikati mangu ndagara ndichiziva kuti mwoyo wangu ndoo kwauri,' akataura nerurimi rwake rutsva rechiBritish. Penny naMark vagosvotwa ndokuzviratidzawo futi, ndosaka akazongopedza zororo rake ari kukoteji kwangu. 'Dai hupenyu hwakapfava, hwaitengwa nyange nemarinyi zvayo,' akataura achidaro. 'Hautomboziva zvako kuti une rombo rakaita sei. Hwangu hwakanyonganika.'

Ainga asingatombodenhwa kuti asase nhoroondo dzenzendo dzake nehushasha hwake. 'Darling, matunhu emaArab ndoo nzvimbo dzokupinda,' akavhaira. 'Wati wamboona mapurisa emuCairo? Ha! Ini ndinoyemura varume vanopfeka mayunifomu, ko iwe?' akadaro achiita seanondinzwa, zvikaramba. Zvinoita sekuti akange akanganwa kuti matauriro aya handaimboaketa uye kuti pamusana pake, ndakagara ndakavenga pfungwa dzekuronga vanhu kana kuti marudzi sematanga emhuka.

Ndikati regai ndichinje nyaya. 'Panoperera mari iyi unozoita sei?' Akabva ada kuvharavhara. 'Ko, ndingatadze kusevenzawo? Handisi remaka ini. Chandinongoda inguva chete. Pane zvizhinji zvandichambosota. Chimwe chii chaunganyanya kutarisira kana uchicherechedza mariritirwo atakaitwa neugaro hwevabereki vedu? Eheka, ndiri nhinhi hangu! Ndichirikuda kumbonyatsosora hupenyu, kukura mumweya, kunanga pane shungu dzangu, kufukura tsime renjere nokusunungura njere dzekuumba. Handina kufanana newe usina chekumirira; unongoti 'ko kutyei', woita. Zvako! Hautombozivi kuti zvinorwadza sei kukuvadzwa nehuwandu hwenjere dzako muridzi.'

Hoyo, simu kuIndia zvino, hameno paashram, musasa wekuzvivheneka mweya, ombodzidzawo hupenyu hwakaropadzwa, kure netsvina. Ndakanga ndamupa imwe painting yewater colour yemiti yemisasa, yaakavimbisa kuturika pamudhuri agozoishandisa paaicherechedza nezvemweya wake ikoko. Hanzi, 'Ndokuti ndiri pedo nekumusha. Pfungwa dzigorasika mumisasa imomo, ndinhuwidze sango irori.'

Hapana kutora nguva asati atumira postcard kubva kuBombay. 'Manje manje ndouya zvachose, asi ndotombotanga ndanzwa mutakunanzva weBollywood.'

'Zvenyi,' Penny akavava, 'chinenge chichiziva hacho kuti imba ya-Maiguru Jean nemari yavo yose iri kuno ichava nhaka yacho chega mumwe musi. Chingaregere kuritaira zvacho panyika kusvika amai vati dhi kufa?'

***

Tisati tabata makore a2000, Maiguru vakakanuka kuona kuti mugowo we25% wanga wadhinguka zvokuti vaisahugona hupenyu nawo, ndokutanga kumora mudura macho kuPost Office. Mbijana chete, pakutanga, bva ndokuzomora pakuru nepakuru. Chokuita we hapana, ndokutsvaga rubatsiro rwenyanzvi yemari, sahwira wekare aive patina yaBabamukuru Barry. Akavaraira kuti vakwidze rendi yemba yekuBorrowdale, kana kuti vairendese neforekisi. Izano kwaro, asi dambudziko raive rekuwana ane forekisi wacho, kunze kwembozha dzemasmugglers echiDRC kana Angola, kanawo shasha dzemumabhengi emuno. Pamusoro pazvo, vairoja imba iyi dzaive chembere dzavaiziva kwemakore, zvaivashayisa simba rekuvaburitsa. Vakazowana rubatsiro kune mwana weshamwari yavo aipinda nekutenga nekutengesa dzimba; akavawanira bhaya akabvumira maroja aya kuti vagare havo pasina kuwedzera rendi. Maiguru vakambofema, ndokubatanidza mari yemba neimwe yaive yasara kuPost Office kwakuzoidyara kuOld Mutual, kwakutanga kuwana mugowo we25% usina mutero zvakare. Nehuwandu hwayo, Maiguru vakawana chokubata uyewo kwekanguva dambudziko ravo rakaita sokuti rapera. Vakati rugare ruye rwadzokera pakare, nokuti zvainetsa zvapera. Kusvikira hurumende yatanga kuripisa mugowo uye, Tete ndokutangawo kuomora dura riye, mari ndokutanga kuderera zvakare. Mitengo ikatiwo hatimire, kutunga gore. Chemberekadzi dzechirungu dzakamomotera TM naBon Marche dzichichema nemutengo wechingwa uye nezvinhu zvaimboita mashereni maviri nezukwa zvava kuita zviuru zvitanhatu zvemadhora. Chokwadi ndechekuti dambudziko raMaiguru Jean raive hombesa, pasina mubvunzo.

Takavati, 'Fonerai Bradley, nhai, muti akutumirei mare!'

'Ko, moti handizivi kuti ari kupi, nhai, kutaura kuno, ikoko hamheno kuAsia,' vakachema.

Papera nguva, akazofona ndokuvatumira kamari, asi kaive kasingasviki kure. Vaive neimba negadheni zvaitoda kugara zvakashambidzika nyange zvodii zvazvo. Nyange nhamo yeupfumi ikaita sei, imba yaitopendwa kunze paingopera makore maviri ega ega, roni yaifanira kuti chechetere, heji yaifanira kuchekwa, marozi achidimburirwa. Vaive nemagadhenibhoyi maviri, kozoti kuki naAgnes wemumba aipengawo nezvemaruva. Pamusoro pekushanya kwavaiita, vanga vagara vachifarira kubikira vaenzi, havana kumbokanganisa. Kusiyana netsika dzinotsigira chimiro chavo vakaona zvisingaite. 'Hazvaimboita kuti nditarise zvose zvichiparara. Ndikatosva ndazvitengesa hanguka!' vakadaro vachiudza shamwari iye ine mwana akavatsvagira anotenga imba yekuBorrowdale.

Mangwana acho pakasvika jindirimani risingamharwi nenhunzi rakapfeka svutu inenge mukaka; rakatyaira mota richipinda mugedhi. Zvikanzi nairo, 'Ndimi Amai Johnson here?' richibuda mumota.

'Ndinonzi Walmsley,' vakapindura Maiguru Jean.

'Hapasipo panamba 16 here?'

'Hongu, asi pano hapana anonzi Johnson. Tagara pano makore makumi mana.'

'Inga zvinoshamisa. Ndofunga pakanganisika. Arrgh. Zvisinei. Shemu. Ndadhiraivha kubva kuBvumba kwose uko ndichiti ndinosvikoona Amai Johnson ndinzwe nezvebhiza ravarikutengesa. Ndapera simba chose.'

'Zvisinei, madii kupinda mumba ndikuitirei tii?'

Jindirimani harina kufunga zvakawanda ndokuti, 'Maita zvenyu.'

Vakatenderera imba vakananga kuvharanda Maiguru Jean ndokuridza kabhero kokusheedzera tii. 'Nzvimbo yenyu inoyevedza zvikuru,' akadaro muenzi, 'zviri pachena kuti muri nyanzvi inoshamisa mugadheni renyu.'

Mashoko aya akanyemwedza Maiguru zvokuti vakanzwa manyuku. Vaive munhukadzi aive asingatani kubvuma gwezvo kana vakasangana nevarume vane chimwe chimiro zvokuti nanhasi, nyange maziso avo akapendwa negirini aine mafinye, ganda remaoko avo rarembera kumusoro riine mavara ezuva, neripisitiki yakadonhera mumazino, nanhasi vanongoseka seka sechisikana kana vatarisana nemurume, zvekuti tii yakazosara yosvika vatonyatsodekara naye muenzi. Aive akapfava, murume ane tsika akafitwa zvakanakisa mucheya yesengere muvharanda. Vakangoerekana vasunungura nhuna dzemwoyo, ndokumufushunurira nhamo yavo yemari, sekuti chero kana kungoti reru fanika hazvina nebasa rese.

'Hatitaurirane mutengo tione,' akadaro sejee.

'Musanzwe zvenyu, handingatarisiri kuti mundidzikinure,' vakaramba, vakamutarisa neziso riri pamusoro pemuenzi wavo. 'Vanhu vachangosangana ipapa?'

Muenzi akaisiyira ipapa pavakapedza kunwa tii nekutenderera vachiona gadheni nehurukuro yekunyengana kwemaruva emaorchid, ava kutooneka akati, 'Ndozvinzwisisa kuti nzvimbo yakadai haisi yekungorega ichitorwa. Chingava chivi chikuru! Asi, pamunenge – pamunenge chete – maronga kuzviita mundiudze. Ndinokuvimbisai mutengo wakapetwa kaviri pane wamunenge mada. Vebasa rekutenga nekutengesa dzimba munovaziva kuti vanongopima nharaunda, nzvimbo yacho, nezvimwewo vachikanganwa kuwedzera basa ramakaisa sei kuti nzvimbo ino ishamise nekunaka kudai. Vanhu vanofunga kuti gadheni chinhu chokungogadzira kudai. Kanganwei kuti zvinotora makore nemakore ekutsunga nechido chakazara. Ndoo zvandinoziva manje, saka ndisingatye kubvisa inokodzera. Mari pakareka. Zvisinei, ngatiregei kumhanya nemoto. Maita zvenyu netii inonaka.'

Akasimudza mota yake yakatsiga zvakanaka ndokuenda.

Maiguru havana kurara husiku ihwohwo, kwakazosara kwoedza vatosarudza zvokuita.

Vakatifonera vachitiudza zvose.

Takaedza kuvarambira zvinyoronyoro, 'Hamungatengesi musina kumbokurukura naBradley, nhai!'

'Ko, ndoziva kwaari here, ini?' vakadaidzira.

Penny ndokuti kwandiri, 'Vanoziva kuti Bradley anovarambidza, ndosaka vasingadi kuti azive.'

'Pamwe tinofanira kumuudza.'

'Nesuwo hatizivi kwaari. Ngatitaure chokwadi, une hanya nazvo?
Ini kwete. Rega vatengese vawane mudyandigere. Nyange kukasara
pasina chaBradley kana vazoenda, bva ndizvo. Nyika ino yananga
kwokuti hapana achasara ane chinhu.' Regai Penny aite mataurire iwaya. Mazuva ano haasi kunzwa
zvakanaka nokuti purazi rakadomwa nehurumende kuti ritorwe.

Asi ini ndakanyumwa kuti pane chichaitika chete, kuti hatisi kutsigira
Maiguru Jean zvakakwana, kuti taifanira kuzivisa Bradley, asi ini
ndaive ndiinewo zvaindinetsa muupenyu hwangu, uye ndaive
ndakatarisira chiratidzo changu, chihombe kupfuura zvose zvan-
dakamboita.

***

Bradley akadhunya. Sezvinei aive asina akamuudza nezvekutengeswa
kwemba yekuBorrowdale futi. 'Ko, makavarega vachiita zvinhu
zvakadaro kuti zviite sei?' akazhamba muphone. Paakazosara osvika
nendege achiedza kuti amise kutengeswa kwemba, akaona yatoenda.
'Zimbwende, rakavakuruka chose. Sei musina kuzvibata kuti iro
neinonzi shamwari yamai, hure re*estate agent*, ndirimwero, kuvavarira
kutsvetera amai vangu kuti vatengese. Ndezvokutaimiranaka izvi. Dz-
izere chemberekadzi muno mudhorobha dzakatambwa iyoyo. Ma*estate
agent* nemadhobhadhobha edzimba ndoozvanorwariraka. Vanopinda
nemitengo inotyisa, mamirioni nemamirioni emadhora, kanganwei
kuti anongove maZim dhora, marengenya emari! Hazvina kuti inenge
yakawanda zvakadii panguva iyoyo, nechinguva chidiki inenge yan-
gove mufushwa zvawo. Ko, amai vangu inga vaizviziva? Nemiwo
zvakare maizviziva! Dai vainga vakawana ari mayusa kana mapaundi.
MaZim dhora chaiwo! Nababa vangu vari muguva vanoti, mashura!'
    Apa akareva chokwadi. Ndakanzwa kukanganisa. Takabatana
kunoona Jindirimani remandiriri rekuBvumba, muridzi wepurazi air-
era mabhiza. Takamuwana mumba yake yemandorokwati yemu-
maavhenyu emuHarare, kwaiwanikawo mamwe mazvinapurazi
akanga akatenga dzimba dzokufanogara. Takazosara tosvika Bradley
chava chiutsi, achipenga. 'Hanzi Mugabe anosaidzira varungu
mudziva,' akazhamba. 'Tarisai muone ivo vacho vachizviitirana!'
    Jindirimani iri nemudzimai waro aiyevedza kungotiti gu − vakati ava
ndoo matsaga chaiwo aya − ndobva meso avo ati papata. Panzvimbo

yekuti Bradley achemecheme achiti amai vake vakakanganisa nokuti pfungwa dzaive dzatacha, ovakumbira kunzwisisa pakadai sevarunguwo (zvinova zvaive nani), akabva ati bvondo kutuka vanhu vasinganyari kukuruka chemberekadzi. Vaye vakati kana, vaomesa musoro pakare, ndo-o kutsika madziro sezvo vakabvisa mare yakakwana uye vatomira nekodzero dzavo.

'Dai waro Mugabe akangonanga purazi yako!' Bradley akapfira ndobva takunyaira tichibuda mumba umu.

Akadzokera nendege kuUK chiri churu. Kana kwaive kuri kuda kukaurisa amai vake here, kana kuratidza kuti vange vasisina chekuita muupenyu hwake, kubva ipapa tsamba dzake nefoni zvakangotanga kupwa.

Maiguru Jean vakaremerwa nekutadza kwavo zvokuti vakakanganwa zita rake. Vakatanga kurenda furati ine marumu maviri muDandaro Village (Zororai Pano neUpenyu Hwamakazvisarudzira). Kuki nagadheniboyi vakanzi ngavasare neJindirimani Rembandorokwati riye, vakati, 'Agnes handisiyane naye.' Ndosaka Agnes, wavakanga vagara naye kwemakore, akapindawo muDandaro. Vaviri ava vakanzwa kusununguka neupenyu hwakachengeteka nekugadzikana mukati memidhuri yenzvimbo iyi. Vakatanga kuita zvinhu zvavo zvakare, Maiguru Jean neGarden Club yavo, Agnes nechechi. Ndopakarwara Maiguru Jean negomarara rezamu, kekutanga muupenyu hwavo kuwanikwa vachipinda musuwo wechipatara. Vakapora havozve, asi kuchembera, kupera, kuita kamunhu kadikidiki! Vakarambosvava nokupfupfunyuka kwaiita mabhonzo emusana, musana ndokuita nhundwa. Nenguva dikidiki vakaita kamuchembere.

Mitengo ikati yapenga kukwira, apa dura ravo remari richipengawo kudzikira. Ndoo pavakadonha, hudyu ndiye tsemu. Mwedzi vachishandisa chiZimmer, chisimbi chine makumbo mana ane mavhiri okufambisa, vachichengetwa.

Achidzoka kubva kunovaona, Penny akati, 'Ngatitowana chekuita naMaiguru Jean. Vega havachazvisimudzi kwenguva huru. Ko, Bradley ari kupiko, nhai?'

Takatungamidzana kunovaona nekunzwisisa mamiriro emari dzavo. Mishonga yavo yega yaida zvuuru mazana mashanu emadhora pamwedzi, kure nemari yaigonekwa ne medical aid. Takawirirana kuti

vachinje magariro, vatore room imwe chete yemuDandaro.
'Zvikaramba zvakadai, ndinopedzesera ndave kuChitungwiza,'
vakataura sejee. (Mazuva iwaya mahun'ahun'a echembere
dzechirungu dzakapumhukira kuChitungwiza nenhamo akavhundutsa
chembere dzaigara muDandaro).

Mabed-sits aive akavakwa pamwe nevharanda refu, zvokuti vagari
vaishandisa dandaro rimwero nedhainingi, uye vasingagoni kuzvibikira
nechembere – zhinji dzacho vakadzi – vaigona kuvigirwa chikafu
imomo. Kwaivewo kashopu kadiki, raibhurari nesaruni. 'Pari nane
pano,' takataura tichiedza kupa morari. Zvinhu zvavakagona kupinda
nazvo umu zvigaro zviviri, madhiroo maviri, TV nefiriji. 'Hatidi
makapeti ekuPersia,' chiremba akatsanangura, 'vangagumburwe nawo
zvikaita zvimwe.' Saka vakatipa ose. Zvimwe zvinhu zvavo taka-
zozvitengesa – zvakasara pamarara avo aidadisa aye, zvose nemazana
emavhasi. Takaronga mafoto avo aive mumafuremu esirivha ne-
mibayiro yemakwikwi eFloral Art pamadhurowa, neimwe yeBaba-
mukuru Barry neyaBradley achiine makore ten chichinyemwerera.
'Chaive chimukomana chaiyevedza,' vakadaro Maiguru Jean
vachipukuta kamusodzi.

Mitengo ikati yajamba ruviri zvakare. 'Pamusana pemunhu mumwe
chete chete!' Maiguru Jean vakachema. 'Ndingasamumonya mutsipa
munhu iyeye!' Agnes aiti akawana nguva yekuruka, ozotora zhinji
achiona BBC Prime paDSTV. Chirongwa chainyanya kufarira akadz-
vanya zvine mutsindo sezvo ainge ava kuita matsi chainzi 'Ground
Force'. Amai vemumupanda wepadyo vakadogunun'una. 'Chibenzi
chemukadzi ichi,' vakashoora Tete Jean. 'Chinongoita basa rekuchema
panouya mwanakomana wacho muguta kuzochiendesa kuLa Dolce
Vita kunodya ranji yemandiriri. Apedza anochipa zvose zvachinoda
ochidzora kumba kwachinosvikogara chochema. Watomboona zvako
mwana ane hanya newe!'

Mumwe musi kwakaitika chinhu chinotyisa zvokuti. Phone yakarira
ichida Agnes. Paakati 'hello' ndokuti mwi-i achiteeresa. Apa Maiguru
Jean havachagoni, voda kunzwa kuti yaimbove nyaya yei. Pakare
Agnes akakanda phone pasi, ndokunyura mumabvi ake. Kumeso
kwake kwakaita sekwachekwa, sekwadhindwa nechibhakera, achib-
vunda. Kanguva kadiki akazvikakata ndokudzungaira achipinda mu-

101

vharanda kunge ari kutsvaga mhepo inofefetedza kwakuridza mhere achizvirova mumusoro. Panga pasina chekuti Mauguru Jean vaite kunze kwekumirira.

Kana paakadzokera mumba ndokuzviwisira mucheya, hapana shoko rainyatsobuda mumuromo make kunze kwekuti vafungidzire kuti hameno zvanga zvaitika kumwanakomana waAgnes wokupedzisira. Kunyange Maiguru Jean vanga vagara vaona kuti Innocent chigevenga, Agnes aidada nekufadzwa naye. Aive ari mustudent activist akanga arohwa kuseri kweyunivesiti ndokusiiwa zvichizi afa. Akanga apwanyiwa zvokuti akatomboshayikwa kuti ndiyani. Kutaura kuno ainge ari muchipatara chemaAvenues ari pakaipisa huye makare imomo pane zvaingogona kuitika kwaari. Shoko rakanga rasvika muchipatara richiti magororo ake anga achironga kupinda sevanhu vane hanya nekumuona vobva vazomupedzisa pamubhedha ipapo. Akabva achinjwa mubhedha chimbichimbi ndokupiwa mumwe wepuraivheti.

Maiguru Jean vakatifonera vachitiudza zvose ndokuti Agnes aitofanira kuenda kunopepa Innocent, nyange zvaizotora mwedzi yakati kuti. Nesuwo hatina kupokana nazvo. Panga pasina jee parunyerekupe irworwo nokuti kakawanda akazogamuchira mashoko ekutyisidzira zvichinzi akasachenjera vachamuwana chete. Kana kuti chii chikonzero chavainyanyoda kumupedzisa hatina kuzomboziva. Pakabuda Innocent muchipatara, Agnes akawana pokumuhwandisa kunzvimbo iri kure kwaaigona kumupepa kubudikidza nechechi yake ndokubva angoenda naye pakare.

Bva ndo-o patakaona vasikana vatanhatu kana kuti vanomwe vosvika kuzobata nzvimbo yake pabasa, mumwe nomumwe achiedza kudhingura vamwe kuti iye apinde chete. Mumwe musi mumwe wavo akandivinga, 'Nhai bhasa, Maiguru venyu vati vasarudza wokutora here? Bhasa musambovarege vachitemba nyange nemumwe zvake.' Handina kugutsikana nechimiro chakewo futi asi ndakasiyana nazvo.

Pandakadzoka kupurazi Penny akaputika. 'Imwe neimwe yechemberekadzi idzi inotori nemuneni wayo kana kuti nesi kana kuti nesi wehusiku akaisvonakira vanambuya ava samare, asi mbijana mbijana vanenge vachivatorera tunhu nechokuseri. Hanzi, Ringi iye, haina basa kwavari, kwave nenguva vasina kumbovhura ravo ramajuweri, uye kana dai vakatarisa, mukati vangazocherechedza? Hamuzi makaipa kumuzukuru wenyu paye kana kuti mwana wehanzvadzi kana mumwewo nhai? Fifiti paunzi dzavakatumirwa nemukorore wavo ari kuUK – yagarisa mujagi mwedzi yakawanda, kuti vachiri kuziva nezvayo? Maikurowevhi, chanyanyawo kuchembera hachitombony-atsoshandi, mira uone ndichachirongera. Ah, pane jazi riye riri muwadhirobhu. Ko chikafu – apa kabhata, apa kashuga, zvimafuta zvekubikisa, haikona kunyanya, kwete kuti muridzi aone kana kum-bofungidzira. Ndosaka mabhiri avo emagirosa achityisa, vane havi in-enge yeshiri apa vachifidha vanhu vaviri kana vatatu vasingazivi. Totoronga bajeti nazvo mupfungwa.

Mangwana acho Penny akapinda mutaundi kuti atore mari yekub-hadhara vasevenzi mubhanga, ndokupfuura nekwa Maiguru Jean. Akaona paine mhirizhonga. Vatatu 'vasikana' vainge vasvika vachik-wikwidzana kuwana basa iri zvokuti rumu yakacheneswa nemaminitsi mashomashoma. Masinini Jean vanga vagere zvavo vakabatidza TV zvine mutsindo vasina hanya nehondo yevasikana vaive muvharanda, mumwe namumwe achiti ndini ndapiwa basa. Ndokukumbira kuna Penny kuti atonge.

'Medhemu vanditi nditange nhasi chaiye mangwanani.'

'Nyange iniwo. Vatonditi vanondipa mari yekunotenga yunifomu.'

'Ini ndinotove neyunifomu yandinoshandisa kune vamwe Medhemu futi. Vakati vanoda inini nokuti ndinogona kushanda hangu kana pati-taimu. Vati havachagoni musevenzi wefurutaimu.'

DzaMaiguru Jean dzaive dzatacha hadzozve. Vakaramba kuti vakanga vavimbisa ani zvake. Mumwe wavo akapika kuti havana ku-gara vakambomuona, kunyange zvaive pachena kuti hachisi chokwadi. Vakaedza kuvatandanisa vose asi hapana kana mumwe akatsukun-yuka, kusvikira vawana mari yavanga vasevenzera musi uyu. Nehasha, Penny akapa vaviri vavo kamari kaaive anako ndokuvati chiendai. Vaye vakati unonyepa, tipe mari yebhasifeya futi. Akapera mate ndokuvapa. Wechitatu akanzi uya mangwana kubasa. Sezvinei, ndiye wakare akachenjeresa wakanga ambotaura neni.

***

Kwakapera mwedzi, Penny adzoka zvakare kubva kudhorobha. 'Mari yaMaiguru Jean hwa-a. Havachisina chinhu mufunge. Handim-bozvibvuma. Ndinoziva maomere aita zvinhu zvino, asi nyange zvirizvo! Ndatarisa cheki bhuku yavo vari kudhurowa mazana mashanu ezvuuru zvemadhora pavhiki. Kwatiri haishamisiri, asi kukachembere kekamunhu kakaita saivo? Inoenda kupi yose? Mufiriji hamuna kumbozara kupfuura kare, pesi haina kana donhwe remari...... Chimusikana ichocho chete. Chimiro chacho ndechechimunhu chiri kudyisa. Nhai Mwari wangu! Nyika ino! Ndapinda maTM. Ndaona kamwewo kamuchembere kapera basa kupfuura Maiguru Jean. Ndaona kachiturura zvinhu mumasherufu, koongorora mutengo sokuti pane aita misiteki, kodzora pakare chinyararire. Kazopedzisira kave mumashure mangu pakunotenga nekabhasikiti kako kanosiririsa. Mwoyo unorwadza chokwadi. Ini hangu zvinondishungurudza. Ndoziva kuti hazvina kunaka, kasi ndichitarisa chembere idzi ndinorwadziwa kupfuura zvandinoitwa netumastreet-kid twandioona tumire pamarobhoti. Kana ndichipinda mudhorobha ndinovhara mawindo emota. Asi sei tichichema tuchembere twevarungu utwu? Makore atwo twaikutsiranawo kuparadza nyika yedu ino yakanaka samare!'

Takaedza kubata Bradley tikashaya mhinduro, ndobva zvinhu zvazotivhiringawo nesu. Mumwe musi takavingwa nejindirimani rakatsvinda, rechitema, rakapfeka svutu nhema, namagogorosi matema, nemota nhema rikati pfacha papurazi. Mark ainge ari kuwekishopu, saka Penny ndiye akanorigamuchira.

'Ndati ndikuzivisei kuti ndini muridzi mutsva wepurazi ino,' rakadaro richiita sekuti riri kuudza Penny shoko rekuti awina mabhiza. 'Ndingafare kwazvo kana mukasimuka pano nemusi weChishanu sezvo tichipinda mumuperavhiki.'

Nyange, sevamwe vose, taiziva kuti zviri munzira, takaramba kudavira kuti zvingaitike kwatiri kudzamara zvaitoitika. Panga pasina maitiro kunze kwokuchitorongedza. Takatarisana namatambudziko asingaperi – chokuita nemabhiza, imbwa, makomo ezvinhu, kozoti vasevenzi vepapurazi, vose vakangova marovha pakarepo. Penny naMark vari mubishi rekufunga chekuita nehupenyu hwavo kubvira nhasi. A! ndeimwe nyaya iyoyo.

Tapedza, ndakasvotwa nazvo ndokunanga mhiri kwamakungwa kwemazuva, kuUK. Ndikati regai nditsvage Bradley. Ndakamuona kuNotting Hill mune imwe imba iri pamberi yaakanga atanga kutenga. Nyange anga achangobva kuhoridhe yemakoko airatidza kumanikidzika mumweya. Pandakamuudza nezvaamai vake haana kuzvigamuchira nyore.

'Ya, ya, ya,' akadaro achiputika dikita, 'tototsvaga zvekuita handiti?' Ini ndikati, 'Wotomhanyamhanya, nokuti vangatopedzisira vava ku-Chitungwiza. Ini naPenny hatichina masapotero atichagona kuvaita iye zvino.'

Kwapera mazuva maviri akati tisangane mune rimwe bhawa ne-shamwari dzake. Pandakapinda, ndakasheedzwa nevarume vaviri vanga vari mukona. 'Hanzi naBradley ndichati nonokei zvishoma, asi usanetseke hako, ari munzira.' Ndiani ari kutaura izvi? Havazi vanofanira kunge vari varume vaviri here, vanotaura pamwepo?'

Ndakaenda pakaunda ndokuhodha hwahwa, ndokubva ndadzoka. 'Saka uri mukoma wake akabva kuZimbabwe!' Vakanditarisa nemeso ane mibvunzo. 'Zvinopisa tsitsi. Zvinotyisa zviri kuitika ikoko. Nhai Bradley, veduwe!'

Pakarepo mumwe mudzimai akasvikawo, ndokukweva cheya kwaku-gara pasi. 'Chii chamunonzwira tsitsi Bradley, nhai?' akabvunza achi-batidza fodya. 'Ko zvaanenge ari raiti kwandiri?'

'Hauna kunzwa kasi?' wekutanga akadaro. 'Vakamutorera purazi yake. Purazi yemhuri yavo. Vakabvorongodza imba yose vachitsvaga twokututa, vakabaya mombe dzose, ndokuzovhura huro yembwa yake yakaisvonaka nebanga. Varidzi vakatiza vakasiya zvose. Kutaura kuno haasisiri munhu.'

Ini ndakangosara muromo wakashama.

Bradley anondipengera! Mawara ake!

Ane bapu!

Kuonererwa kwaro dutununu!

Mukadzi uye akakatyamadzwa. 'Zvinotyisa, nhandi!' akadaro. 'Zvi-noshoreseka chose! I-i, veduwe Bradley! Ngatitoona kuti tiedza ku-munakidza kumuvaraidza.'

Ndakaoma mate mukanwa ndigere ipapo.

Vakavhuruma nekumunzwira tsitsi kwekanguva, vachiedza kuti ndi-vatsigire nezvakaitika kusvika pekupedzisira, asi ndakashaya mazwi, kutotadza kutaura chaiko. Ipapo hwahwa hwakapotsa huro ndikakot-sora zvikuru zvokuti ndakatozobhabhadzwa kumusana. Pandakazon-aya ndichibvunda nemisodzi nyaya yakange yatokanganikwa.

Panga pachine chekutaura chimwe here? Zvakare, handiti munhu wose zvake aitenge aneta nenyaya yeZimabwe?

GARIMOTO ROMUKOHWI MUVI

Nevanji Madanhire

Yakaturikirwa naMusaemura Zimunya

Zvigunwe zvangu zviri kuvava. Ndofunga makonzo iwaya chete. Handina kunge ndageza maoko pandakapedza kudya svusvuro nezuro; amai havana kumbozviona. Hamheno kuti sei? Amai vaigarondiyambira kuti ukaregedza kugeza maoko uchinge wapedza kudya makonzo anorarira kuan'en'ena. Haapere makonzo mumba medu. Mazuva ose ndinoaona achifashuka napasi pekadhibhokisi ratinochengetera mbasha dzedu. Pane rimwe buri futi pakona remba yedu. Nezuro madeko ndakaaona achikwakwarika kubuda nekupinda. Ose akananga pazvigunwe zvangu. Aive mahombe makonzo iwaya. Rimwe raitenge katsi. Rakandidaukira, raive neusopo hurefu hwakapinza semiseve yenungu. Raive nemuromo murefu wakapinza zvakare, mazino acho akapfuurira muromo. Kureba kwawo nekupinza ainge banga rababa reokapi. Ndakatadza kuridza mhere kana kupfakanyika parakandinanzva nerurimi rwaisemesa sezerere. Varoyi chete vakandiomesa tsinga dzangu, handiti ndingadai ndakaridza mhere?

Asika, baba ngavaone zvekuita nezvemaburi arikupinda nawo makonzo aya mumba medu. Vanongoti imba yachemberesa zvokuti haigadzirisike. Vanonenera vapambepfumi mhosva yokuvakira vanhu vatema zvimba zvemangamanga kudai. Asi ndinofunga kuti dai vaitenga begi resimendi vogadzira zvidhina zvishomashoma vaitovhara maburi iwaya. Imba yedu haina kumbosiyana neyatakavakidzana nayo, kana nemazana edzimwewo dzemuno muTafara. Tafara. Inoreva mufaro. Vanoti nzvimbo ino yakatumidzirwa zita iri nokuti makarewo baba vababa vangu chaivo vasati vazvarwa, vanhu vatema vaigara muzvitangwena kumigodhi kana mumadhorobha mavaisevenza. Vainge vaita rombo rekusevenzera varungu samakuki ndovaigara kuseri kwedzimba mumabhoyisikaya. Raive rombo rakanaka nokuti vaiwanawo chikafu chavaipiwa navarungu. Saka nyaya inodai izvi: varungu vakaona kuti mabhoyi anyanyowanda mumasabhabha avo ndokubva vafunga zano rokuvavakira dzimba kure. Saka pavakadzipiwa dzimba idzi dzapera kuvakwa, mabhoyi aya akazofara, ndokusaka vakadudza zita rekuti Tafara. Zvisinei, tiri kutaura makore chaiwo pakaitika izvi.

Kana muchizviverenga mumabhuku, vanoti chokwadi chinoti nzvimbo iyi yakatanga ichinzi Single Quarters. Zvinoreva kuti varume vaisabvumirwa kugara namadzimai mudzimba idzi. Saka dzimba idzi dzaive diki samare. Dzaingove rhumu imwe chete zvokuti takatozobvumirwa kudziwedzera mazuva achangopera. Amai vakawedzera kakichini kadiki nyange vasisakashandisi iye zvino. Yatove imba yekurara yevana. Vave kubikira panze mazuva ano, muchitangwena chepurasitiki. Ko, zvinomborine mhosva? Vanhu vose vanazvowo zvimba zvakadai panze. Hachina windo zvekuti amai pavanenge vachibika, isu vapwere tinoenda kunotambira panze nokuti sekutaura kwavo, 'Hautikwanire tose kufema mweya uri muchimba ichi.'

Asi kana ichinaya sezvairikuita mazuva ano, vanobikira mumba nokuti hamunayi.

Nhasi handisi kuenda kuchikoro. Pamusana pekuti ndiri kudziya muviri. Amai vanoti ndine fivha. Vanoti pahuma pangu panopisa kunyange ndisingaone kuti zvakaipei kudziyirwa mbichana ini ndichipindwa nechando. Veduwe, makonzo! Sei baba vasingaateyi, kana kutenga uye mushonga unoauraya. Gaba racho rinoti wani 'Rongedzai Kure Nepwere.' Kana uchigona kuuraya pwere, ungatadze sei kuuraya makonzo. Asi baba vanoti hapana chekuita namakonzo. Hanzi agara achingove nesu mumba umu. Nguva dzose, kubvira ivo vachiri mupwere.

Ndofunga kuti makonzo aya anobva kumunda uko. Ya, anobva ku-munda nokuti ndoo kwatinorima chibage, makonzo haasiyane nechibage. Aona zvino kuti vanhu vose vakakohwa chibage, makonzo anotitevera mudzimba kuzodya chibage, kana kuti akachishaya anoen-dera upfu. Tinokohwa chibage chedu kuitira kuti makonzo asachidye, iwo akati nesu mudzimba kuzodya goho redu.

Inombori minda here, mipanda zvayo yevhu risina kushandiswa nemenesiparati. Tinenge tisingambobvumirwi kudyara mbeu muvhu iri. Panotorine saini inoti: 'Haubvumirwe nemutemo kurima pano. Zvose zvirimwa zvichaparadzwa.' Dzimwe nguva vanoparadza zvir-imwa, asi kazhinji vanongosiya zvakadaro, kunyanya panguva takatarisana nesarudzo dzekanzuru dzinoitwa gore rechipiri rega rega.

Vekumaruva ndoo vanoziva kuvakira matura kure nedzimba kuitira kuti makonzo asaswedera padyo nedzimba dzavo. Chete kumaruva havaati makonzo. Vanodzisheedza kuti mbeva. Vanodziteya nokudzidya. Hanzi dzinonaka. Ndakamboedza kamwe chete ndikarutsa sendichadonha rurimi zvokuti amai vakatozosanganisa mvura neshuga nesauti kuti ndinwe. Asi ivo vaitodzidya. Hanzi pandainge ndiri mudiki ndaitodziteya mumunda.

Mazuva ano hatisikumboenda kumaruva. Baba vakakuvenga. Hanzi kumusha kunovafungidza nhamo nehuroyi. Asi amai vanoti kunyeba, hanzi vakatadza kuvaka nyange rutumba zvarwo pamusana peusimbe. Saka vanonyara nokuti vamwe varume vezera ravo vakavaka dzimba dzine musoro. Handivashori. Neniwo ndakumaka. Ndinoona sekuti zviri nani kuita murombo uri mudhorobha pane kugara kuruzevha. Hamheno kuti sei.

Mukati baba ivava vakambenge vari pwerewo here mumwe musi? Isina ndebvu? Isina vhudzi dzvuku rehwerere? Isina tsinga dzeropa dzakati tande mumaoko? Ine mazino machena akanaka nemaziso machena maviri? Ndinofunga kuti naivowo vanotoatya makonzo. Vanongotyawo sezvandinoita kana ouya husiku kuzondin'en'ena zvi-gunwe ndirere. Kana zvisizvo, sei vakavhura okapi yavo musi uno uyu patakanzwa kuti chokoto kuseri kwekadhibhokisi? Aingove makonzo zvao, asi dai wakaona maziso avo baba, aiita seegonzo raroverwa pa-mudhuri rotanga kupfanha.

Nhasi Chitatu. Kuchikoro kuchaitwa asemburi; ndichaisuwa nokuti musi weChitatu wega wega ndowatinoimba rumbo rwekukudza nyika yedu. Ishe ngaakomborere nyika yedu yatakawana nekudeuka kweropa ravarwi verusununguko. Baba vanoti ivo vakange vari mumwe wemagamba akarwira rusununguko asi ini handimbozvidavira nokuti matyiro avanoita makonzo haaite. Kuatya paanouya kuzon'en'ena zvigunwe zvavo. Zvisinei, baba vanogeza maoko vachinge vapedza kudya kwemanheru. Handiibate asemburi nhasi. Mukuru wechikoro anotaura pamberi pevana vose musi weChitatu wega wega. *'Good morning, school,'* vanodaro. *'Good morning, Sir,'* isu todavira. *'How are you?'* vanodaro. *'Very well thank you and how are you?'* isu todavira.

Musi weChitatu wapera uyo ndakabatwa nefivha uye juzi rangu rakatota nekupfunha kwemvura.

Ndinofunga kuti ndiri kunyanya kurarisa. Zvakare handisati ndaenda kuchimbuzi. Munhu anofanirwa kutanga nekupinda muchimbuzi kuseni kwega kwega. Amai vanoti weti yemakuseni ndiyo inotandanisa madhimoni ehusiku. Asi yangu inopisa, ndofunga pamusana pefivha iyi. Nezuro yakapotsa yandichemedza. Zvakare tsvina yangu yaipisa nezuro, yakaita mvura iri yeyero. Ndoo madhimoni chete iwaya.

Amai vaenda kumusika kunotengesa matomatisi. Havamborunga matomasi mumuriwo wedu. Hanzi ndeekutengesa. Ndinozvishayirwa kuti sei vasingatengesi nzungu dzine munyu. Amai Pupu vanodzitengesa. Hadzimbotana kutengwa. Kumusika vanhu vanoti dzinomhanya nokuti Ama Pupu vonodzidiridza neweti yemucheche wavo vasati vadzikanga. Dzinoita dhora pachanza. Amai ngavaite zvimwe chetezvo. Ngavashandise weti yaTati, kana yangu. Manje yangu inopisa, iri yeyero zvokuti ndinofunga kuti makasitoma avo angateta kunhuhwa kwayo. Weti yevacheche haimbonyanya kunhuhwa. Kana vasingadi kutengesa nzungu idzodzo, ndinotodzitengesa ini.

Zano rekuti ini nditengese nzungu harina kumboipa. Tikaita dhora pachanza handizomboziva chekuitisa mari yacho. Ndingatenge dhirezi jena seraPupu rizere nemaresi, ndozoti gogo nhema. Ndakwana, pamwe ndochizoenda kuchechi. Ndingatengerawo futi amai dhirezi nebhutsu zvakafanana naizvozvi. Baba ndingavavatengerawo pakiti yefodya iri nani. American Toasted Milds. Ndochipota ndichisevha dhora zuva nezuva kusvikira gore rapera. Mangani mazuva iwaya? Mazana matatu nemakumi matanhatu ane mashanu nechidimbu chechidimbu emadhora pagore! Musi uno takapinda mutaundi. Amai ndokuti handei tinoona chiremba. Asi takabuda machiremba pasina kana chaakanga andiita chinondibatsira. Kana jekiseni zvaro, ndakanzwa kuzorora. Nyange mapiritsi zvao. Amai vakati chiremba adhura uyu. Sezvinei, kunze kwesejari yachiremba kwaive nechitoro chakazonaka. Ndakati regai ndimbogutsawo meso. MaTV ndoo andakanyanya kufarira. Tinopota tichiona TV panekisiti dhoo. Musi uno takaona President. Waive musi weIndependence Day. President vakarwira nyika, kwete baba vangu. Kana baba vaine chokwadi chokuti vakarwira nyika ino, sei vasingatengiwo svutu nhema, hembe chena netayi tsvuku? Ndinogona kuona President vakabata zipfuti zihombe, senge raRambo. Takamuona Rambo kucommunity hall mwedzi wapera. Ndofunga kuti Rambo akatenge achikopa President wedu chaiye; angadai akapfura vanhu vakawanda kudaro sei dai aive asingateedzeri President wedu.

MaTV acho kudhura! Diki yekupedzisera yaiita $150,000. Asi kana ndikatengesa nzungu ndichisevha dhora pazuva, tinoitenga iyo. Handisi kuzomboneta kusvikira tatenga TV. Ndokuti tigozoonera President wedu tiri mumba medu. Ndingade kumuona akaubata mubhobho sezvaaichimboita achiparadza mabhunu.

Ini ndakazvarwa tatowana rusununguko. Zvichireva kuti President vaitenge vaparadza mabhunu ose pandakazvarwa.

Ah, chichiri Chitatu. Pandamborara ndazomuka ndichifunga kuti tatove muChina. Ndatomutswa nechiroto chiye. Paive nezigarimoto dema rakasvika ndokumira apa ndokubva mumwe murume aivemo anditarisa nepawindo ndokuti: 'Regai vana vadiki vauye kwandiri.' Ko zvaanenge President wedu, ko sei asina maziso achingove maburi chete? Futi handina kumbofarira kanyemwerero kaanga akaita. Mazizino acho makuru…

Ndatopotsa asemburi. Ndingadai ndafara kwazvo kuona vanamisitiresi vakapfeka mavararuva avo akanaka. Vanonyatsopfeka musi we-

Chitatu wega wega. Handizivi kuti sei. Vhudzi raMiss Ndoro, he! Vanorisunga nezvinomonesa usiku hwega hwega vozozvibvisa kwaedza, robva rafushunuka samasaisai. Kana ndakura handizvidi zvokumonesa izvi. Rangu vhudzi rakapfava, rine masaisai. Ndinoreva kuti kubvira gore richitanga. Raimbenge rakawoma seravamwe richirwadza kukamura asi ikozvino royerera. Ndofunga kuti ndiri kukura. Ndava muGiredhi reChishanu. Rinouya ndiri mureChitanhatu. Ndozoti reChinomwe.

Regai ndiende kuchimbuzi.

Amai havasati vadzokera kubva kumusika. Handisikumbonzwa nzara apa asi handina kumboruma chinhu kubvira kuseni. Zvisinei, hakasi kekutanga kunzwa ndichidai. Amai vanondimanikidza kudya pavanodzoka kubva kumusika ikoko, asi ndikaramba ndichimanikidza kudya, ndinorambawo ndichida kurutsa. Handifungi kuti ndine nzara ini.

Baba havasati vadzokawo zvakare. Handizivi kuti varipi. Handimbozivi kuti vanoswera vachiitenyi.

Tati ari kufara akarembera kumusana kwaamai. Handifungi kuti anotombowana mukana wekunzwa nzara nekuti achingoti mwe-e amai vanobva vati zamu mukanwa nde; anobva ariti dzvi nemaoko ose, otanga kurikwekweta. Dzimwe nguva anoita sekunge arikutsenga zamu iroro. Rinenge rakagadzirwa nerabha, nokuti mazino aTati akavezwa nekupinza.

Yava nguva yekutora maCafenol angu. Makore akapera awo amai vaindipa epingi aye ayitapira. Sezvo ndakura vava kundipa machena aya anovava… anozombovava. Amai vanoatenga ari matatu mupakiti. Rimwe, katatu pazuva. Mazuva ekutanga ndaingoamedza nemvura. Mazuva ano anonamira parurimi. Ndinoedza sei kuakandidzira kurumedzo asi anonamira parurimi rwangu chete otanga kupfupfunyuka. Anozovava. Ndakamboedza rimwe zano. Ndakaanyongodesa mumvura nokuamedza, asi akasvikopakama pahuro pangu. Mazuva ano kana amai vasipo handimboita hanya. Ndinongoarasira mugomba rechimbuzu. Asi kana varipo….he-e! Vanoti rurimi ndorunonzwa zvinhu. Ndakatadza kurunzvengesa rurimi. Dai vaingondipa epingi aye anotapira. Ndatonyanya kukura zvakadaro here, nhai zvokuti epingi haachandirape?

Ndofunga amai vatove munzira zvino. Ino ndiyo nguva ya-vanowanzogadzira kudya kwemanheru. Ndofunga izano chete. Ku-sada chete kubika kudya kwemasikati, vozobika chikafu chemadeko zvakare. Vanobika nguva iri pakati penguva yavanofanira kubika chikafu chemasikati nenguva yekubika chikafu chemanheru. Zvinoita sekuti nevamwewo vedu muraini redu irori vave kutozviteedzerawo. Kana kuti kasi ivo ndivo vakangotangawo kukopa vamwe? Kutaura kuno amai vari kuuya kuzogadzira lupper. Kurevaka kudya kunosanganisa lunch nesupper. Ndofunga izwi rinoti lupper irori hakuna kumwe kwarinozivikanwa kunze kwemuraini redu irori. Manje ini handifungi kuti ndichaidya iyo lupper iyoyi. Baba vanowanzouya kumba nguva amai vatodzoka kare. Ndofunga nderimwe futi zano iroro. Vanonyatsoziva zvavo kuti chikafu chavo chinenge chavamirira uye amai vanenge vadzoka nemari kubva ku-musika. Vapedza kudya vanowanzoti amai ndipei mari. Amai vanowanzotiwo zvakare handina mari. Handina chokwadi nazvo nokuti bhasikiti ravo ramatomati rinenge rapera kana kuti anenge asara mashoma shoma. Saka vanozoti sei havana chinhu. Nemaziso avo matema iwayo havataridzike zvakanaka.

Asi sei baba ivava vachitadza kutsvaga basa, nhai? Baba vaPupu vanosevenza. Kana baba vakabudirira kurwisa nekutandanisa mab-hunu, vangatadza nei kuwana basa? Hanzi varungu ndivo vaive nemabasa. Handifungi kuti dai baba vakatandanisa varungu vaishaya basa.

Amai vapinda. Kare kare dai ndatovamhanyira kunogamushira bhasikiti ravo kana kutakura Tati. Handisisina simba mumajoini angu rekuita izvozvo. Amai vanozvinzwisisa. Asi vanogara vakatsamwa pa-vanopinda. Ndinonzwa nezwi ravo.

'Wamwa here mapiritsi ako?' vanobvunza nezwi rine moto.

'Hongu amai,' ini ndopindura, ndichityira kuti pamwe haana kun-yatsonyongodeka muchimbuzu.

'Ukandinyepera iwe usina kutora mapiritsi ako, unofa, mheno zvako,' vanodaro.

Vouya kwandiri kwakundibata pahuma.

'Uchiri kungodziya muviri zvakare,' vanodaro. 'Hauende kuchikoro zvakare mangwana.'

113

Mangwana izuva ramasipotsi. Handina basa namasipotsi. Ndinogona zvangu high jump. Ndinokwikwidzira imba yangu. Imba yangu inonzi Tembwe. Dzimwewo dzinoti Mugagawu, Mboroma neChimoyo. Baba vanoti aya mazita enzvimbo huru kwazvo. Handimbozvidavira nokuti muJogirafi nzvimbo hombe chete Masvingo eZimbabwe, Mapopopo eVictoria, Matopos neHwange National Park. Aya mamwe handimboanzwa mumaleseni ini!

Ndine shungu dzokumboenda kuVictoria Falls mumwe musi, ndinozvionerawo ngirosi dzichibhururuka dzichienda kunaMwari. Amai vabatidza chitofu cheparafini zvino. Ndava kutofema munhuhwi weparafini. Unondiitisa dzungu. Nyange muchikafu chatinodya ndinounzwa. Kuzoti muhembe nemumagumbeze ose, ha. Ndinonyatsonzwa dzungu. Tadii kutenga chitofu chemagetsi chisina mweya weparafini, nhai? Senyi isusu chete tisingagoni kutenga zvinhu? Amai vachabika matemba akaomeswa zvakare. Ndakaamaka. Dai vaingodimura misoro yacho voirasa vasati vaabika. Ndofunga kuti maziso acho ndoo anoanhuhwisa. Paunenge wodya anongoramba akati ndee kukutarisa. Ndinoti paye pandinenge ndoasvitsa mukanwa ndinobva ndavhara maziso angu.

Havamboisa matomatisi mukapenta. Hanzi matomatisi ose ndeemusika. Zvese nemaonyeni nemiriwo. Saka, pamusana pekuti matemba agara ane munyu, hapana chavanombowedzera pakubika. Ndofunga ndosaka varivo voga vanofarira matemba.

Baba havamboafaririwo matemba. Vanogara vachipenga kuti dai hondo ikambodzoka zvakare. Hanzi munguva yehondo vaingoziva nyama yehuku chete. Asi zvavaive vari musango imomu vaimbodziona kupiko huku idzodzi? Ndofunga vanenge vachinyeba chete. Ndosaka ndichiti havana kumborwa hondo.

Amai vanoda kundigezesa, asi mvura yacho kutonhora! Vanoti vakaidziisa inopedza parafini, uye parafini yava kudhura zvakanyanyisa mazuva ano. Mvura inotonhora ndakaimaka kwazvo. Ndofunga ndoo munobva fivha yangu. Ivo vanoti kugeza miri kunopa utano uye varwere vanokodzera mvura inotonhora. Handimbozvibumi. Handigoni kuramba mvura inotonhora nokuti vanoita hasha vondivhara nembama. Kumashure ndinozviputiridza negumbeze rangu ndokotsira. Dai vakandipa rimwe gumbeze; chando chacho chawandisa.

Ndatadza kudya matemba. Sezvineiwo, nzara yacho handina.
Baba vatobuda. Havanawo kudya futi. Vabuda vachituka noku-
tikirira.
'Pangashayikwawo nhindi imwe chete chete yababa vemba here,
chokwadi?' ndokurovera dhoo.
Ndoo pazonzi naamai vachiziva zvavo kuti hapana anovanzwa
nokuti baba vanguva vasoenda, 'Asi wanga uchida kuti ndihure here?'
Chii chinonzi kuhura? Musi uno pandakakumbira rimwe gumbeze
vakanditi, 'Unoda kuti ndihure here?'
Sezvinei, handina kuzogeza miri. Amai vakati inogona kundiuraya
nokuti yainyanya kutonhora. Asi vakabhoirisa kapu yemvura pa-
chitofu. Hanzi hazvinyanyi kupedza parafini. Vakanyika tauro
mumvura ndokunditi pukute pukute, kunge dhuraikirini. Ndoo izwi
ravakashindisa ipapo. Ndozvimwe chete zvavakaita naTati. Ivo vaka-
zogeza neinotonhora.
Iye zvino ndazviputiridza mugumbeze rangu asi parafini iri kundi-
itisa dzungu. Munhuhwi wacho uri pese pese. Amai vari kuimba
kambo kekuradzikidza vana. Kanosekesa kambo ikaka ndofunga.
Nhasi ndaita raki rakanaka?
Ndanhonga bhatani munzira...
Runosekesa, ndinoreva rumbo urwu.
Ndava kutokotsira. Ndofunga kuti kambo aka kanoita.
Ndatonhorwa. Ndofunga amai vachandipa rimwe gumbeze futi.
Ndakanga ndakotsira. Murume uye ari muzigarimoto dema hombe
akadzoka zvakare ndokuti, 'Regai vana vadiki vauye kwandiri.'
Akanyemwerera. Mazizino machena ose ayo nemakomba emaziso!
Aro maziso. Ko, zvaari President wedu uye? Ndofunga, asi iye zvino
handina chokwadi. Chii chinoitika kana ndikapinda mumota iyi?
Amai vanondipa rimwe gumbeze. Munenge munodziya muzimota
dema irori.
Baba vakabata pfuti. Varikuita mhere mhere. Hanzi ndiri kurwira rusu-
nunguko. Amai havasi kuteerera. Vakacheukira kudivi, baba vakabata
mapendekete avo vachiti: 'Hauone kuti ndinorwira rusununguko?'
Pfuti yacho katoyi kaPupu kanopfura mvura. Ko, vari kurwira rusu-
nungukosu? Vanongoda kuti amai vavape mari kuitira kuti vangowana
sikadhi. Vanopfura amai nemvura.

Tati anochonjomara padivi remuhomba wemuriwo. Dumbu rake rati ndendende. Ndofunga amai vanofanira kumupa mukaka usina kugara. Ndakambounwa mukaka usina kugara ndikabudirira kuenda kuchimbuzi.

Ndikapinda muzigarimoto dema iro Tati anozvinzwisisa here? Ndofunga kuti munodziya kwazvo imomo. Baba vazvitengera sikadhi yavo. Vari kundisheedza avachiti: 'Regai vana vadiki vauye kwandiri.' Aiwavo, pane vana vadiki vangafarire munhuhwi weChibuku. Handisi kuzouya kwamuri, baba.

Ndazoneta. Ndanzwa nekufamba kwenguva yakareba. Asi ini ndirikumboenda kupi? Ndinofanira kunge ndiri kuchikoro asi mugwagwa uyu haugume. Ndabva kare ndichingofamba, ndichingofamba. Pamwe ndinofanira kudzokera kumba. Amai vanga vati ndisaende kuchikoro nhasi.

Ndinonzwa masairini nechokure. NdiPresident chete. Zigarimoto dema rava kuuya. Ndichangomirawo pasaidhi ndichiwevha. President ndinovada. Vakatisunungura. Ndakazvarwa ndakasununguka.

Mudhudhudhu wekutanga wapfuura, sairini yacho ichiita kubvaruka. Kouya imwe. Neimwe yacho. Kozoti zigarimoto dema. Ramira. President vandimirira. Asi Tati anozviziva here izvozvi. Vose vachazviziva here kuti ndaenda naPresident? President vanotambanudza maoko avo vachinyemwerera; vanondisheedza vachiti: 'Regai vana vadiki vauye kwandiri.' Kunyemwerera kwavo nezizino semunhu asina malips. Maziso avo akanyura mumakomba zvakanyanya. Ndava kuenda. Munodziya muzigarimoto iri. Zvino Tati achazviziva here?

MVEMVE DZAMAPOSITA

Gugu Ndlovu

Yakaturikirwa naMusaemura Zimunya

Mugore ra1984 ndakanga ndisati ndasvika pazera rokuvhota asi izvi hazvina kunditadzisa kuita basa randaifanirwa kuitira nyika yangu nomazvo. Nguva dzemangwanani ndidzo dzainyatsotinakira pakundorwisa. Chikwata changu ichi chaive chiri chavarwi vomuchiwande, icho chaiva chidiki zvacho asi chichityisa chaitekaidza nomuminda waSanki umo maiva nebundo ramafuro iro dova richichakatidza zvipfeko zvedu patainyangira kundokomba mhandu varidzi vasati vationa. Takachochomara takamirira nguva kana kuti mukana wokuti tinyatsorova basa. Taiti kungoona chete mavara anoti PAMBERI NEZANU-PF akazadza maziposita avo taibva tadzipwa nehasha hobvu. Hasha idzo dzaikwidza dzichivava senduru pahuro dzedu dzichipedzisira dzaputika kuita ruzha rwehondo isu topembera zvino tichiita bararamhanya nomumunda izvo zvombo zvichizunzirwa mudenga kugadzirira kutekesha mhandu.

Taibvanzura matumbu avo tovadyunga nokuvamwaura tozochekacheka mhiko dzavo nokubvoora maburi muzvinangwa zvavo. Kungoti tema kamwe chete taiona setatoponda Huru yacho zvese pamwe chete nemakurukota ake anochururuka mafuta nokusaguta zvavamwe. Pedzai tonyatsoyemura basa rainga rashandwa tichizvikakanyadza. Nhoroondo yemavanga ehondo: Toti ini novokwangu kwangova takanzi bverenyu-bverenyu, kusemwa- semwa nokukuzvuka pamabvi, kamucheka kevhudzi kadonha apa unifomu dzangove mamhorodzi euswa hunyoro ega ega: Hamheno zvedu namhamha! Asi pakanga pasina zviripo pane zvakanga zvaitika kumhandu: hwakanga hwangova ubvururu, umwarara hwotumvemve twamapepa pasi patsoka dzedu. Mubayiro woupanduki rufu. Izvi zvaisafanira kuzivikanwa izvi! Zvaifanira kuvigwa. Zvitunha zvese zvaifanira kuzvuwiwa zvondotsindirwa mumaguru omuzvuru. Zvidhonzei zvitunya zvacho mundozvirasira munzvimbo dziya dzinovigwa tusvava twabviswa nhumbu kana tumabhurukwa twakaroyiwa. Ikoko, zviti rororo zvakadaro zvimedzwe zvese nevhu. CLOSE THIS UP. Iyi ndiyo yaiva ndima yeduwo muchirongwa chesarudzo yezvamatongerwo enyika ichi, ndiro basa rataigonawo kuitira nyika yedu. Zvingaoneke zezvaiva pasina zviripo asi isu taitodada nokugutsikana nazvo. Takasimudzirawo maoko edu mudenga takakunga zvibhakera tichidaidzira kuti, 'Amandla awethu!' sezvatakanga taona makhomuredhi achiita muterevhizheni vakatarisa vaitora mifananidzo. Pari zvino basa redu harisati ratombodii zvaro kuti ripere. Kwangosara chinhambwe makiromita maviri kuti tisvike pachikoro, apa maoko edu ndipo paari kuvavira kuti hapana zvatati taita patumaposita twatabvarura- bvarura utu, maziso edu akachenjerera kutsvaka pana mamwe maposita akanyorwa nouturu hwemharidzo iyi.

***

Nhau dzezvaiitika kune dzimwe nzvimbo dzaiva kure nesu, taidzinzwa tichidzikurukura zuva rega rega. Mumatunhu nemumisha yomumaruwa okuMatabeleland vanhu vakanga votiza mudzimba dzavo vachisiya hari dzesadza dziripamoto; dzimba dzakatsva usiku mhuri dzakakotsira; vana amai vaikumurwa mbatya dzose kusiyiwa vava mushwi vachimanikidzwa kutarisa vana vavo vachisungwa pahuro; mirwi yemakuva avanhu yakarasirwa mumidoghi yakanga yapera basa; nechembere – vana mbuya vose - vairohwa vachibhinyiwa nokuurayirwa magumbeze avo. Zvataiudzwa isu zvainzi izvo kwaiva nechikwata chamasoja echiNdevere chakange chapanduka hurumemde ndokuchidaidza kuti 'madhizidhendi', ava ndivo vaiparadza misha nokuponda varidzi vayo.

'Ndiye chete!' takanzwa baba vedu vodaro, vachibatidza mudzanga wefodya. 'Ndiye ari kutiparadza.'

Vachizadzisa girazi ravo nerababamunini Dan nedoro rehwisiki, tainzwa kumanikidzika nokushungurudzika kwaiva mumiviri yavo nemumanzwi avo. Izvozvi babamunini Dan vaitoronga havo zvokutizira kuU.K.. Chokwadi chaiva apa chaiva chiri chokuti masoja aya akanga asiri vapanduki kana kuti madhizidhendi echokwadi, asi kutoti aiva masoja chaiwo ehurumende aitotambiriswa achitumwa naIye kuti azvivanze samadhizidhendi vagopota vachiponda vanhu vomuMatabeleland. (Mushure memakore ane chitsama takazoziva kuti imbi yavarwi ava yaisvika makumi maviri ezvuru uye yakanga yapiwa mugwazo wokuti mumwe nomumwe wavo auraye maNdevere anosvika zana. Kutaura kuno, nanhasi huwandu hwavanhu vakaurayiwa nemhondi idzi hausati hwazivikanwa.)

'Kumaruwa ikoko, mumisha mune vanhu vakazvigarira zvavo ndimo mavanotangira kutiponda, uri kunzwa zvandiri kutaura, iwe George? Achinge apedza navo ndipo paanozouya kuno kwatiri.'

Babamunini Dan vaidaro vamboti magirazi maviri kana matatu edoro kutu. 'Iyeni, hapana kwandiri kuzoenda, Dan. Ungatize musha wako, sei? Kungotiza zvako uchisiya pfuma yedikita rako?' Baba vaitambanudza maoko avo vachipindura babamunini.

'Saka muri kumirira henyu kuti atiurayeka?' Babanunini Dan wainzwa vakavhunza vachikahadzika nenharo dzababa vangu.

'Aiwa kani, haandiurayi ini; kundisunga eye, angangondisunga kwete kundiuraya.' Baba vangu aidaro vachidzvuta doro ravo pedzezvo votendeukira kunababamunini Dan vachivaudza zvavaigarovataurira.

'Dan, hausi politician, hausi musoja, uri bhizinisimeni, chaunoziva kugadzira mari. Saka enda kuEngland unoita mari. Ini, inini ini, ndiri politician, uyu mutambo wetsoro yechesi. Ndinogona kuongorora kutamba kwaari kuita. Ari kuda kuedza kutishatirisa nokurwadzisa kwaari kuita vanhu vedu ende asikuziva basa rake, asikurigona. Asi nyangwe zvodii haafi akandidya, angangonhonga tubodzwa tudiki asi kundidya chaiko haafi akandihwinha.'

Mushure memazuva, Babamunini Dan vakaenda kuEngland. Baba

vedu vakasara vachienderera mberi netsoro yavo.

Moto wamasoja ayo ainyepera kuita vapanduki wakaramba uchitungidzwa uchijekesa usiku pavaipisa misha yamaNdevere. Kuwowora kwavanhukadzi nemhere yavanasikana zvainzwikwa usiku hwoga hwoga; vaichema nekurohwa kana kurwadziswa kwavaiitwa. Mazuva aya mwoyo yavanhu yakanga yakaremerwa nokusuwa kukuru nokurasikirwa neupenyu hwavanhu uye nezvinhu zvavo. Kusuwa uku kwakashanduka kukava kugunun'una kwakadzamisisa apo vanhu takaedza tose kufunga kuti tione kuti zvairevei, tikagumirwa chose. Isuwo, savana takanga takangomirira kugara nhaka yokugunun'una uku. Asi pavakazotitorera vabereki vedu kugunun'una uku kwakabva kwangoita nhaka yedu muzvokwadi.

***

Muhope, ndairota paine motokari yaivavarira kunditsika. Pakange pasina munhu aiityaira mota iyoyo. Ndakanga ndichimhanya zvikuru asi ndakanga ndichitadza kutiza. Ndakaona amai vangu vakamira pamusoro pegomo vachidaidza zita rangu. Izwi ravo raienda richiswedera padyo napadyo dakara ndapunzika. Amai vakadaidza zita rangu zvakare. Ndakapepuka ndikatarisa muchiso chavo chairatidza kunetsekana.

'Chimuka, mwanangu,' vakadaro zvinyoronyoro.

'A-a kuchakasviba uku', ndakapindura nezwi rizere nehope.

'Eye, ndinozinzwa asi tinofanira kusimuka. Tora shangu dzako tiende,' vaitaura vachienda pakanga parere vanasisi vangu nehanzvadzi dzangu.

Vakasvika ari mangwanani. Zuva rakanga risati rabuda. Takanga takawanda pamusha pedu mazuva iwayo, isu vana tiri vanomwe kozouya vamwe babamunini pamwe nevabereki vedu. Kahanzvadzi kangu kaiva namakore mashanu kakanga katomuka kare kakapinda kachimhanya mumba mangu. Kakanga kakabata chimutundumuseremusere chako chepurasitiki chakakanga kagadzira usiku hwapfuura.

'Pane mazirori mazihombe panze apo, vakomana!' akadaro achifemereka. 'Mumaziori macho muzere masoja chaiwo chaiwo ane pfuti chaidzo chaidzo,' akawedzera nezwi rakasimba somunhu akanga aona pfuti dzorudzi rweAK47 dzakawanda kudaro. Mwoyo wangu wakaita

120

sourikunyura munaZambezi chaimo — ndikati, nhasi zvangu, pfumo razofambira baba vangu! Jongwe rakakukuridza...

'Baba vari pano here?' Ndaida kuziva nokukurumidza.

'Ehe, varipo panze apo pavari kutaura navo,' amai vakadaro vasingavhunduki.

'Vari kudei?'

'Vari kuda kuziva kuti tine zvombo zvokurwisa here pano saka tinofanira kuenda tondogara panze ivo vachisecha imba yese', mai vangu vakadaro vachitendeuka kuti vamutse kamwe kamwana kakange kachakavata.

Ndakazarura gonhi remberi kwemba zvishomanana ndichida kuona zvakanga zviri kuitika panze. Asi kuita chikamu chomuA Team, icho taisimboona muterevhizheni. Panze pakange paine masoja aitosvika makumi maviri namasoja mana akagukuchira pfuti akaita mhomho mukati merori dzavo dzaikarosvika nhanhatu — dzendudzi nendudzi, huru nediki — dzakati kuti. Dzazoti kwindima mukati mamaruva notumiti twaiva muyadhi medu namazivhiri akanga atochenyengachenyenga tukorodzi pamusuo pedu. Ndakaona kabhasikoro kaButho kakati gwengwendere kune rine rimwe divi reyadhi yedu pasi pomupichisi wakatyoka; kakanga katsikwa tsikwa kapetana petana. Ndakati budei panze ndisingaoni nehasha, ndakagadzirira kurwa.... Ndaiva namakore gumi namaviri, ko ndaizivei asi ndaiva nhinhi chaiyo.

Zuva rakazobuda tagara panze pavharanda ivo vachivhendenyura nokuwaranyura mumba medu vakatungamirirwa naveberaki vedu. Imbwa dzakanga dzakarara dzichifemereka, kunzira nokufuridza furidza nokuita mahon'era. Wemaziso akati kovo-o kutsvuka, asina kana nenyadzi dzese, akasvikoti dzvi pachipfuwa changu pakanga pavakutangisa kubuda mazamu. Takanyebedzera kungonyemwererawo nokunyara-nyara nekuti takanga tichakapfeka mbatya dzokurara nadzo idzo taidisisa zvikuru-dzinonzi Snoopy naCharlie Brown idzo mbuya vedu vokuCanada vakanga vatitumira paKirisimusi yakapfuura. Nyangwe zvazvo mbatya dzedu idzi dzaiva nemifananidzo yaisetsa maziso akanga akanditarisa aya aisaratidza mweya ungaseke kana kuva netsiye nyoro. Zvavo Thandi naSiphiwe vakanga vakafukidzwa namapijama avo akafanana efuranera hobvu...

Kwaivapo mamwewo masoja mashoma vaiedza kudenha ushamwari vakagumbata pfuti dzavo, 'Hwati giredhi a-a yu ini?' 'Hwati izi yuwa nemu?' Chirungu chavo chakasangana noukobvu hwechiShona chaipinda munzeve medu savaitituka. Vakabva vatutirana mumarori avo vachibva vatora Baba naBabamudiki ndokuenda navo. Takadzokera mumba medu makanga mashama samafirwa uye mava kurema nokusurukirwa. Marara emapepa, matiresi dzakapidigurwa, mawadhiropu akashama, zvose zvaivamo zvakuturwa, macheya namatafura zvakangoti ngwandangwanda nembatya dzakanga dzaparadzirwa nemba yose ..... izvi zvose zvadeedza misodzi yaitadza kudonha mumaziso edu asi ichitipisa nokurwadza seminzwa yakatigara mumagurokuro medu.

Butho

Baba vakati vachanditengera bhasikoro idzva nokuti masoja akadzwanda bhasikoro rangu nemota dzavo. Mhamha vanoti masoja akaipa. Thandi anga akangotsamwa-tsamwa zvakare. Hanzi zai rangu harina kunyatsoibva. Gugu abva agumbuka achibva arikanda mundiro yembwa. Amai ndokubva vapopota vachiti uku ndoo kutambisa chikafu chaiko. Zvinobhohwa kunzwa mhamha vachipopota. Mazuva ano ese vari kugara vachingopopota. Dai Baba vri pano Mai vangadai vasingambopopoti. Vari kukumba mamagazini eNational Geographic ese ari mumba kuti vagoenda nawo kundovapa. Vari kuenda kundoona Baba. Vari mujeri (zevezeve). Asi hapana chinhu chakaipa chavakaita. Mhamha vakati baba vakataura zvimwe zvinhu zvisina kufadza mazvanhu akaipa aya... asi havana wavakatuka kana kutaura zvinonyatsidzisira sokuti musatanyoko kana kuti madhodhi amai vako. Mhamha vanoti hatibvumirwi kuti tindovaona isu vana. Ivo chete mhamha ndivo vanobvumirwa kuvashanyira. Izvi ndizvo zvavanotaura ivo – (mazvanhu akaipa aya). Nhasi Themba neni tanga tichitamba tichiita 'zvemadhizidhendi'. Themba ndiyo shamwari yangu chaiyo. Nhasi majuru ndiwo anga ari 'madhizidhendi'. Taauraya ese kana kumbosiya kana rimwe chete zvaro – tatswanya misoro yawo nokugura makumbo. Baba vaThemba vakatorwawo zvakare.

Mhamha

Mushure mamatsamba asingaperi nemisangano isingagumi tichitsanangura kodzero dzedu savanhu takazobvumirwa kuti vana vaende kundoona George — baba vavo. Handina zvangu kuzogona kuenda navo vose. Hapana zvikuru zvatati taita asi izvozvi ndatova kunzwa kuneta kare, nyange isu tichakatarisana nehondo yokuti vaburitswe mujeri. Takafamba nechitima chamanheru kuenda kuHarare. Vasikana vari vatatu vakarara vose padenga, pamibhedha yemudurikidzwa. Butho neni takarara pamibhedha yepasi iyo yataiita yokugarira kana pasina munhu akarara ipapo. Kuzvifunga zvinotosekesa! Kureva here kuti tava namakore matanhatu tichizvitonga asi magumbeze namashitibhedha emuchitima achakadhindwa mavara enyika yakafa — NRR (National Rhodesia Railways)? Zvichirevaka kuti iyo hurumemende yamagororo iripo iyi ine vatongi vemumatare vachiri kupfeka mbatya dzemukuwo waQueen Victoria nemawigi machena iri kuyemura nokutevedzera hurumende yavachena yavakabvisaka. Mutsauko uri pakuti ivo ndivo vagere pachigaro iye zvino, vachirwadzisa vanhu vavo zvakare.

Takayevedzwa nokunaka kwamagadziririwo ekanga akaitwa kamba kataive tiri muchitima — paive nakadhishi kokugezera kaigona kukwidibirwa koita tafura yokudyira, maeshitireyi efodya akanga akanyidzwa mumitsago yokuzendamisa maoko, magetsi ekuverenga nawo aionekwa mumadziro kana mibhedha ichinge yatambunudzwa. Kunyangei zvawo iye zvino akanga asisashandi, aitaridzika saakamira kushanda pakauya kuzvitonga kwedu, kumunhu asinganyatsozivi aitaridzika saanoshanda achiva chidadiso chainyadzisa nokuticherechedzisa mbiri yakare apo varungu vakanga vachiri kutonga. Nyangwe zvazvo takanga tava namakore matanhatu tichizvitonga, zvimwe zvinhu zvakanga zvagadzirwa navarungu zvakanga zvichingoripo kanapo zvakanga zvasakara zvashaya anogadzira kuti zvirambe zvichingoshanda. Ungwandangwanda kwamagaba asina zvinhu aya ndihwo hwakanga hwotonga muupenyu hwedu.

Thandi

Tirikuenda kundoona Baba. Vari mujeri guru rokuChikuruvi iro rinochengeterwa vasungwa vakaoma musoro zvakasimbisa. Ijere iroro. Hanzi naMhamha izvozvi vava nemwedzi gumi nemitatu vari mujeri umu. Pava nenguva refu varimo. Nokuti ini ndatova mugiredhi 3 ende futi Gugu akandipa tireki sutu yake tsaru nokuti haachaikwani. Siphiwe naThemba havana kuuya nokuti havasi vana vaBaba vedu, saka vasara kumba. Hanzi izvozvi naGugu hezvo Baba vakaiswa mujeri nokuti vakaitira hurumemnde tsvina. Ini ndinofunga kuti ari kunyepa chete, haazivi zvaanotaura uyu. Futi andirambidza kuuya neDada rangu (ndiro gumbeze rangu randin-

123

oda chete) kuti ndifuge muchitima. Futi handimborisiyi kwese kwese kwatinoenda
– inga ndinoenda naro kana tichinoona Gogo wani? Hanzi izvoni ini handisi
mukuru ini. Pamwe ndiri mukuru mbichana chete nekuti ndakabatsirawo kubika
keke raBaba. Ndinofunga vachanakirwa chete, ndakaruisa aisini, chete ndere choko-
reti, chokoreti vanozoida.

Mhamha

Hezvo, hezvo! Asi zvakatevedza njanji yose kubva Bulawayo kusvika Harare
kahi? Ndiani munhu angakotsire hope chaidzo naihwo unjiriri hwekurira kwen-
dororo nezvikudyu?
Kunze uku rinongova zienda nakuenda nerima gobvu. Unozoziva kuti inzvimbo
dzinogara vanhu nomunhuhwi wezvipfuyo nezviri kubikwa pazvoto. Kwachena
kusina kuti tiri munyika yakashama inongova mapani ouswa chete, uchingoona
pano napapo tudzimba twedhaka. Ndidzo nzvimbo dzamafuro emombe idzi. Izvi
unobva wangozvizivisa woga paunonzwa kunhuhwa kwendove kuchipinda na-
pamahwindo apo chitima chinopfuura napatumasaidhin'i. Dai George ainzwa ka-
munhuhwi aka, aizokafarira samare. Kaibva kamufungidzisa upwere hwake achiri
kukura achifudza mombe. Izvi zvinonditi netsei zvishoma – zvokuti iye zvino uno
ndoo paanenge atova kuda kumbotaurawo neni nezvoujaha nokukura kwake. Anenge
aisimbonyara kutaura nezvoupenyu hwake hwakare uhwu. Ndinoona kuti nokupin-
dana kwamazuva anenge ava kunzwa zvichimudadisa kutaura nezvoupenyu uhwu.

***

Chitima chakabhadhanuka zvishoma nezvishoma chichipinda
mubokoshindi ravanhu vaimhanyira kumabasa muHarare mang-
wanani. Vatengesi – vaitengesa zvose kubva kumapepanhau, mazai
akabikwa, mabhuku matsaru kana nemawachi akabiwa – vaingoitawo
besanwa murumhiyepiye hwavanhu nedzimotokari dzaifamba
zvishoma nezvishoma. Mari yaipesana nezvinhu zvaitengeswa na-
pamahwindo akanga akashama. Mabhasikoro aingopinda achibudawo
mumvongamvonga iyoyi. Kuita samagora kana kuti zvikara panyama,
vatengesi vakamomotera pachitima apo chaiserereka chichipinda mu-
chitishe.

Marion akange akamira padyo namadzimai akanga akapfeka
zvichena vaiimbira rumbo rwesvondo mumwe wedu aivewo mur-
wendo vachimutambira. Somunhu akakurira kuMatabeleland
ndakanga ndisingazivi kuti nziyo dzeShona dzinganakidze zvakadaro.

Kuuchira nokupururudza kwavaiita murwiyo rwavo zvaipinda napamahwindo zvichitigamuchira tose tose.

Pachikuva chinoburukira vanhu pachitishe pakanga pane chikwangwani chakanyorwa kuti HU-RUMEMDE INOOMESERA MADHIZINDENDI OMUMATE-BELELAND. Ndakanzwa minzwa ichidyunga-dyunga mumuviri mangu. Ndainzwa kutya apo taidzika kubva muchitima pachitishe. Takanga tapinda zvino munyika yemhandu: Mashonaland. 'A,a,a! Inga makura chaizvo vana imi!' Marisa akadaro achipurudzira musoro wehanzvadzi yangu.

'Hona, o, ndakagadzira chiputitsa-zvombo changu ichi,' akadaro achimininidza chidhori chake chepurasitiki kumeso kwaMarion.

'Ndechekuurayisa madhizidhendi,' akadaidzira nezwi rakanga rakakwirira zvokuti vanhu vaipfuura nepadyo vakacheuka vachimutarisa. Akavhizuka achisunyamisa kumeso pandakamudyunga mumbabvu. 'Au! Mhai! Mhamha, onai, o…!' yakazhamba ichidaro hanzvadzi yangu asi mai vakaita savakanga vasingamuzwi vanyura munyaya dzevaitaurirana naMarisa.

Marion Douglas ndaizomufarira. Aive ari murefuwo seni. Ndainzwa kunyatsosununguka ndakamira padyo nemunhu akareba seni. Ndakanga ndava namakore gumi namaviri chete asi ndakanga ndotopfeka shangu dzesaizi 8. Ndainzwa kunyara nokuremerwa nezimuiri rangu raikurisa, kunyanya tsoka dzangu idzi, dzaiita sedzechireshe. Pane mumwe munhu akambenge andiudza kuti kukura kwetsoka dzako kunoenderana nokureba kwako. Zvichida. Pamwe tsoka dzangu dzaiva diki kune dzake.

'Muchanakidzwa nokufarira mota yangu, kunyanya iwe, Butho,' Marion akadaro pataipinda mumota make. Yaiva Citroen. Yaishanda namasipirin'i emvura. Waitombomira kusvika mota yacho yasimukira usati waifambisa. Kudhuruma kwayo kwaidaivirirwa nemiviri yedu, isu tinyerere takamirira kuti isimukire. Sezvimwe zvinhu zvose zvechiRungu, yakatinakidza.

'Munyorododo, kuita sechitundumuseremusere,' hanzvadzi yangu yakasheedera nezwi raiva pamusoro.

Kamunin'ina kangu kakanga kachiyamwa chigunwe chako kanyerere. Kakanga kakanditsamwira nokuti ndakanga ndakarambidza kuuya ne'dada' rako. Kava namakore manomwe asi kachiri kungoita zvounhanha. Zvaanoita zvava kutonyanya kunyadzisa. Takanga tichiri kunhuhwa tsvina yomuchitima zvokuti taitoda kutombogeza asi mhamha vakangonanga nesu kuChikurubi. Zviso zvedu zvakanga zviine hope zvichiratidza kutya uye kurova kwaiita hana dzedu nokuti takanga tisati taonana naBaba vedu kwegore rose nemwedzi yaidarika. Takanga tanzwa kuti shoko rokuti vakanga vasiri kunzwa zvakanaka. Zvaireveiko izvi? Mukati vachiri kugona kufamba? Ko, iko kudya, vari kudya here?

***

Zidzendemurwa dema romudhuri wekongiri ndiro rakanga rakakomberedza tirongo yeChkuruvi iyi. Hatina kumbenge takatarisira imba yeChirungu yakanaka ine heji dzakadimurirwa neyadhi ine tsangadzi yakanyatsochekererwa apo takapinda napagedhi takananga kwaiva nedzimba kwacho. Vasungwa vati kurei, vakapfeka nyufomu yamakaki yakatsvukuruka namatenesi akanga akachena kuti weke, vaisakurira chinyararire nokuchekerera nokudiridza mumunda wamaruva omuzinda uyu. Sepaiva nechinhu chaivatuma asi iwe usingachioni, vakambomira zvavaiita vose panguva imwe cheteyo ndokutitarisa tichipinda nemotokari takananga kumidhadhadha yedzimba dzetirongo. Takavatarisisawo maziso edu achibinduka kuti zvimwe tingaone Baba vedu varimo mukati mavamwe. Vakange vasipo.

Tichipinda muhofisi Marisa akaudzwa kuti akanga asingabvumirwi kupinda mukati. 'Uyu haasi mumwe wemhuri iyi,' vakadaro vetorongo vachiita sevasiri kutiona savanhu. Marion akabuda ndokusara akatimirira agere zvake mumota.

Takafamba, tichitya nokufaririra pamwe chete, maoko edu akaremerwa zvokupfachukira nezvipo zvaiti mabhuku, mamagazini, makeke atakanga tabheka, yogati, maripoti ekuchikoro, fodya, zvese namashitibhedha.

'Puti yuwa thingizi hiya,' mumwe wavo akagwauta, achinongedzera tafura yaivapo nechitsvimbo chebasa rake. Pavainyatsokuongorora zvatakanga tauya nazvo, vaikurukurirana pachavo neChiShona chavo. Mumheremhere yekutaura kwavo, takanzwa mazita edu neraBaba achingunosheedzwa.

Vakaodzvora zvaiva mumapakiti, vakavhura matsamba, vakananaidza minwe yavo papeji nepeji imwe neimwe yebhuku rimwe

126

nerimwe vakazarura magaba eyogati: munun'una wangu akachema sechimbwanana nokurwadziwa paakaona mumwe wavo achi-baya keke raakanga anyatsogadzirira baba nebanga. 'Sekuriti,' akasheedzera nezwi rizere nechando, achisundidzira keke riya kwaiva nezvinhu zvakanga zvaongororwa kare. Ndakazviona kuti mwana waamai vangu abayiwa neminzwa yakapinza, inotyisa. Ndakabamubata ruoko rwake zvine simba.

Takapinda napanovhenekwa miviri yedu nemishina yesimbi, ndokuzotungamidzwa kune inonzi 'imba yokugamuchira', yakati hwava isina kana nechinhu kunze kwebhenji redanda nouriri utsvuku hwaipenya nokupukutwa.

Takamirira, tichingopfakanyika nokuzurukuza.

***

Kuti tichaona Baba nhasi here? Tichaona Baba vedu iye nhasi chaizvo here? Ko tichavaona riniko, veduwe? Kuti vachiri kuuya, nhai? Kuti ndipo panzvimbo pacho pavari kuuya here chaipo? Ko tichavaona riini wacho?

***

Thandi

Butho aifambisa chimotokari chake pasi. Paakasimuka mabvi ebhurukwa rake akanga atsvuka nependi yaiva yakaporishiswa uriri hwemba iyi. Ndakaudza mhamha asi vakaita sevasina kumbondinzwa. Vakanga vakanyarara vakashatirwa. Ini ndakanga ndatosuwa nakare nokuti mupurisa uya akanga adhofora-dhofora keke randakanga ndagadzirira Baba achiti aizviitira sekuriti. Handizivi kuti sekuriti zvinorevei asi ndakachema. Gugu aidawo kuchema ndinofunga saka akagumbuka.

Takamirira kuti vativigire Baba. Yava nguva refu takangomirira.

***

Takanzwa mutsindo wekufamba kwetsoka. Gonhi rakati bheu kuzaruka, mupurisa achibva avatungamidza kupinda mataiva. Kwekanguva kadikidiki maziso edu akambotinyepera, hatina kukurumidza kuvaziva. Murume ane muviri wakaondoroka ati chemberei kupfuura zvataifunga, amera vhudzi jena akapfeka nyufomu yomujeri yamakaki, murwere zvake, akananaidza achipinda. Ganda ravo rakange racheneruka kuita sedota richiratidza kusava neupenyu. Vakanga vapera zvikuru zvokuti kana nyufomu yavakanga vakapfeka yaiita seyakangoturikwa zvayo pavari. Vakatitarisa vachibva vachinyemwerera; takabva tavaziva nokuvaima kwakaita mazino avo – sezvaaigaroita. Takadaidzira setapererwa nomweya, 'Baba!' tichimhanyira kwavari.

'Makadii magandanga angu?' vakaseka vachizazanura maoko avo kuti vatimbundikire. Vaitidaidza kuti 'maganyani' vachitamba nesu. Mushure mokumbundikirana nokutsvodana nemisodzi pamatama, takagara pasi tamboti dhakwei zvishoma nemufaro mukuru Baba vachimbundikira nokutsvoda mhamha. Taitaura tichiedza kupodza runyararo rwokurwadziwa raivapo pasi pasi penyaya dzezvechikoro nezvavamwe vedu vakanga vasara kumusha. Asi runyararo rwokurwadziwa urwu runenge rwakanga rwava kutoita ruzha. Takanga tisisanzwanani zvataitaura, takakwidza mazwi edu tichiti pamwe runyararo urwu runganyarare asi takatadza kurudzima. Ndirwo rwega rwatakanga tongonzwa ruchiburitsa minzwa yaibaya pahuro dzedu. Izvi zvakazotirwadza zvokuti takasvika pakutadza kana kutaura chaiko. Tichibva tangozviregawo tonyaradzwa nokudziya kwemisodzi yedu chete. Taichemera Baba vedu, kuvasuwa nokusavapo kwavo pamwe nesu. Taichemera vanababa vose vakanga vakatorwa.

'Musarega vachikuonai muchichema,' Baba vakadaro vachitipukuta misodzi. Bapiro rakanga radonha kubva pachiputisazvombo chaButho, iye agara zvino pasi asisanzwi minzwa yaimubaya kana misodzi yaidonha achiedza kugadzirisa chitundumusemusere chake achigadzirira 'hondo'. Takapisika misodzi yedu iyo minzwa ichingotidyunga.

'Vakakuonai muchichema vanobva vafunga kuti vakukundai, vanozoona savahwinha' Ndakafunga nezvemirwi yamamvemve amapepa amaposita akanga ava mumatumbu amajuru akavigwa pasi pevhu. Basa renyika yangu raiva risiro rokuchema kwete, asi rokupwanya majuru aya akanga amedza mazwi euroyi aiva pamamvemve amapepa iwayo. Ndakatsidza, ndichizvishingisa nokudzokorora mazwi aigarotaurwa nababa vangu okuti: hapana aizombofa akandidya patsoro iyi ini chero ndichiri kufema kudai.

SERI KWEGUVA

Farai Mpofu

Yakaturikirwa naCharles Mungoshi

Inzwi rakanzwikwa
muRamah richiungudza
richichema nekusuwa kukuru.
Rachel aichema vana vake,
asingadi kana kunyaradzwa,
nokuti vakanga vasisiko.

Kana ndichiongorora umbowo hwandanzwa pano, ndinoda kuti chirango chichapihwa mubvakure uyu chive chiratidzo kune vose vachapara mhosva yakadai. Ndinoda kuti azvamburwe zvakasimba nemakumi maviri eshamhu dzezvamboko kuti apfidze zvokudarika muganhu achipinda munyika medu zvisiri pamutemo.' (Ari kutaura aya mashoko ndiMambo wavaTswana, agere padendemaro routongi hwake achipindudza maziso ake nehasha huru kwazvo.) Zvichidai izvi, hana yaJuba iri kurira sengoma, kurova seichatsemuka… kamutsenenga kedikita rinotonhora kari kuyerera namananda echiso chake chiri kuratidza kutya kukuru.

'Zvakare ndinotonga kuti ukwapurwe dzimwe … Makumi matatu pamhosva yekuitisa mumwe wevana vedu nhumbu.'

Ishe vanotarisa Juba savanosemeswa, chiso chavo chinotaridzika se-

129

chomunhu ari kurwadziwa namanyoka. Vanoenderera mberi vachiti, 'Vanhu ava vari kutibira upfumi hwedikita redu – mombe dzedu, uyezve varikuunza unzenza nokusazvibata uye zvirwere zvisingarapiki muvanhu vedu.' Juba anotarisa tsoka dzake dzisina shangu, dzakatsemuka neman'a, ndokunzwa kunyara.

'Zvino chinzwa iwe, mubvakure! Mwana wedu aramba kuti aroorwe newe. Isu tichakuranga zvakaomesesa tozokupira mumaoko emapurisa.'

Ipapo ishe vanosimudza ruoko rwavo, pakare hamburamakaka mbiri dzavarume vanodzivirira ishe dzinoti Juba pwinyu kumubata zvokuti haatsukunyuki. Simba rokuti arwise haasisina. Vanomubvisa mbatya dzake, kusiya ava mushuna chaiwo, vosunga maoko ake mbiradzakondo vobva vamugadzika pachuru chamajuru chiri padyo nedare irori. Vakati vadenha hondo yamasvosve matsvuku, ndivoka varidzi venzwimbo iyi. Majuru akati zvakashama kumagaro – paiko paanosiya? Juba anoridza mhere. Anonzwa kurira kwetyava; vanhu vakaungana vemumusha umu vanomedzera mate. Ropa rinoti tsati mudenga. Vanhu vese vanomedzera mate zvakare. Juba anoridza mhere. Hamburamakaka inobva yangomuregedzera imwe mvuu. Juba achibva awowora… imwe, imwezwe… Misodzi yaJuba inobva yachururuka, ichiwira muguruva.

Panonzwikwa kuti dh-u, musoro waJuba uchibva warovera kumadziro esimbi emotokari. Anoona kuti anga atomboenda. Musoro wake uri kubanda sowarohwa nemheni. Muviri wake uri kurwadza, uye wakazvimba uzere neropa. Anosimudza musoro owona mapurisa maviri echiTswana achikurukura. Mutauro wavo haanyatsounzwisisi. Anoedza kuti anyemwerere. Mumwe wamsapurisa aya anozviona obva afunga kuti Juba ari kuda kuvaseka achibva asabvura musoro waJuba seari kurova nhabvu mumakwikwi enyika dzepasi rose. Nyika yose inobva yangotenderera Juba achibva angodzimirwa nepfungwa.

***

Unknown Cell
Block B Prison
Francistown
Botswana

Vadikani Amai,

Tsamba yandiri kukunyorerai iyi ndichaitumira kuguva renyu rakati tasa riri rega rega risina zita mukati menyika yamaNdevere. Amai, ndichiri kungobatwa namadzirira ezuva riya ramakandisiya.

Ndichiri kuyeuka ukapakapa kwekundururuka kwezvikopokopo, kutinhira kwemota nokunhuhwa kwamatai adzo zvose nemitsindo yenjombo dziri kumacha … ndichiri kuyeuka kuti vakanga vachitsvaga baba. Vakati vaiziva kuti vaive nhengo yebato rinopokana nematongerwo enyika. Makavaudza kuti baba vakanga vaenda kare vakanga vatizira kuBotswana. Izvi zvakavashatisira, vakagotanga kukutsokodzerai mudumbu, Amai, imi makanga makazvitakura. Vaitoseka zvavo, kuseka zvoutsinye vachiti vangatouraya mupanduki aiva mudumbu menyu. Mumwe wavo akandotora banga mukucheni achibva adhadhura dumbu renyu. Ndakaona kasvava, kahanzvadzi kangu Malaika – ndiro zita randinokapa – kachidonhera pasi mujecha. Ndinokadaidza kuti Malaika nokuti kaiva ngirozi isina kumbopinda mumatambudziko apanyika pano. Makapunzikira pasi namabvi enyu, makabata dumbu renyu, asi hapana zvazvainga zvichabatsira… Handikanganwi nyemwerero yenyu namazwi enyu okupedzisira, 'Kuzolunga mtanami.'

Panguva yose iyi vamwe vanhu vose vaimanikidzwa kupururudza nokuimba nziyo dzaiti pasi nemi, vatengesi. Ndakazomanikidzwa kuti ndichere guva renyu pamwe nekhanzvadzi kangu. Ndakakuvigai… Ndini ndakakuvigai mose muri vaviri.

Tsamba yandiri kunyora iyi haiisi kunyorwa neingi, uye haisi kunyorerwa pabepa. Itsamba isina hamvuropi, isina chitambi. Rungano rwakanyorwa mumwoyo mangu, ruchibva rwanamirwamo nemisodzi yangu. Vakandikanda mukamba – kazumbu – kainhuhwa, kaiva wadhi yaisunungukira makonzo namapete, umu maiva navamwevo varume makumi maviri. Ndainzwa kumanikwa kunge katanda kemachisi kakatsokerwa mukabhokisi kazere tumwe tutanda. Ndakadochema asi vakavhara nzeve dzavo namaziso avo. Ndaikosora zvakaipisisa. Ndinofunga ndava neTB. Ndakazokwanisa kuzvishingisa ndokugogodza pazigonhi resimbi gadhijeri achibva avhura kapuri kaiva pazigonhi iri nehasha achigwauta kuti ndiani akanga agogodza. Ndakamuudza kuti ndaida kurapwa kana kupihwa mapiritsi okunyaradza kurwadziwa zvawo. Ndipo paakandiudza kuti kana ndaida izvozvo ndaitofanira kuzvipihwa kuZimbabwe, achibva aenda. Amai, ndakachema, asi aitoseka zvake. Ndakambofunga kuti aiita dambe neni. Asi akaenda zvachose akasadzoka zvakare…

Ndakapedza mazuva ndichiti dai ndangowanawo mhepo yekufema yakanaka. Mweya waivamo wandaifema waiva uchinhuwa kuora, uchinhuwa tsvina yomuhapwa dzavanhu vasina kugeza muviri yakamandana netsvina nemumikanwa musisazivi kusukwa, zvese izvi zvichibatana nomunhuhwi wedope negasegase raibva muchimbuzi chataiitira manyoka chisingagezwi. Nzara yaiti dzandura. Dzimwe nguva ndipo pataimbopihwawo munya wezvinenge zvarasirwa mumabhini avasungwa vechiTswana. Tikaita rombo rakanaka ndipo pataimbopihwawo mazibota emhunga anonhuhwa kuti kupe asina kana donhwe reshuga zvaro. Ndakaramba kudya tsvina dzavo. Hapana akanga aine shungu nazvo kana neniwo ndakabva ndangoshayawo hanyn'a nazvo. Ndakange ndisisinei nazvo, ndichinzwa sendakanga ndichiudzwa kuenda kunyika yaiva norunyararo, mhiri kwerwizi Jorodhani (kuna Zame?). Ndakanga ndongoti dai ndafa zvangu ndanoonana naamai. Ndakaramba kugeza nemvura yavo yaitonhora kuti hisha. Ndakaramba kuvasekerera kana kungonyinura. Ndakaramba kuti vandibate sendisiri munhu.

Amai nhasi ndiri kuimba ndichikumbira nyenyedzi nokuti hapachisina munhu pasi pano. Ndiri kuimba upenyu ndichiti ndinodawo upenyu chaihwo, uyewo kuvawo nechiremera norukudzo sezvinoitwa vamwe vanhu vapamusorosoro pazuva mumahotera epamusorosoro. Ndinodawo kuchengetedzwa somunhu akakosha – ndichifamba ndakakombwa namagadhi akapfeka magirazi matema. Ndinoda dzidzo iri pamusoro mumayunivhasiti ane mbiri enyika dzokumadokero sezvinoitwa nevana veshoroma. Ndinoda kuzviona ndakagara muchikwapuro chebhenzi inodhura ndichidzvuta waini isingawanikwi munyika muno ndakakombwa netsvarakadenga dzavasikana. Ndichaimbira nyenyedzi dzichindingaimira sengoda dziripazimucheka zidema, pamusoro petuzumbu tunonhuhwa twemutirongo yemuBotswana.

Ndini mwana wenyu anokudai
Juba.

Nezuva rechishanu vanoburitswa kubva munzvimbo yousungwa. Vanounganidzwa vagotinhirwa muzirori semombe dziri kuenda kundotengeswa kumaketi. Munhu wese apinda mukati, rori iya inokiyiwa. Vakuru vakuru vechiTswana vanoona nezvokupinda nekubuda kwevanhu muBotswana pamwe navanoona nezvamatirongo vari kukurukurirana pakati pavo. Vari kusaina mapepa vachiseka zvavo paukama hwavo. Juba navamwe vasungwa vake vanotarisisa nomumahwindo akarukirirwa waya, vachiyeva kuchena kwamaTswana aya akapfeka hembe chena dzakanyatsoainwa nemidhebhe ine utema hwedenga. Mumwe wavanhu ava ari kunyatsorandabvura nokutsenga huku ine muto kwawo yakabikwa nemoto wemuoveni. Ko, Seiko vaTswana ava vasingambotauriwo nechiRungu? Kudada nemutauro wavo here kana kuti kungozvidawo zvenhando?

Vakuru ava vanogwinhana maoko vachionekana apo zirori riya rinozhamba rokukunguruka. Vonanga Zimbabwe kwakare vari murori, vasungwa vaya vavakutandaniswa, vosengwa zvino kubva muBotswana, vogara pasi nezviso zvakasunama. Juba anotarisa shure achiona guta reFrancistown richisara, achiona tuuswa netukwenzi nokuoma kwakaita nyika yacho anoshamisika kuti ko seiko nyika iyi yakapfuma zvakadai iyo ichingova gwenga zvaro? Zvinonzi nevanhu mujecha umu mune mabhwe anokosha avari kuda kuchera. Akatonzwa kuti vanhu vane chitsama vaimbogara mugwenga makare vasina kana chii, vakatobviswa munzwimbo dzavo vachisaidzirwa mumadhorobha – kundopona noupenyu hwedima. Upenyu hweupfambi namakororo. Wese munhu anogara mudhorobha imbavha.

Juba anorangarirawo kumusha kwake. Haachisina musha muZimbabwe. Anorangarira Gorata, mwanasikana womuTswana waaida samare. Anoziva kuti kana naiye aimudawo. Dai pasina miganhu yenyika yakaiswa navanhu iyi hapana chaimborambidzwa kuti rudo rwavo ruve nekupfumbira. Dai zvichinzi pasi pano pakasunguruka. Anoziva kuti mai vake ndivo vakamumanikidza kuti arambe kuroorwa naye. Vaiona zvisingaiti kuti zvigonzi mukwasha wavo mukwerekwere. Juba anomborangarira pamuviri pana Gorata, achishaya kuti ko mwana wacho achazoita sei? Handiti achangokura asina baba?

Vanhu veBotswana varikudzika waya hombe ine magetsi akasimba anogwinha fani pamuganhu wenyika yavo neZimbabwe. Vanoti vari kuita izvi kuitira kuti mombe dzine chirwere chamatsimba nomuromo dzirege kusangana nedzavo dzisina zvirwere. Rori yavo inoruruma dakara yati pfacha pakamba yepamuganhu wePlumtree-Ramakgwebana. Juba anoona murabaraba womutsetse wavanhu vomuZimbabwe vari kuda kupinda muBotswana. Anoziva kuti vazhinji vacho vaizondogara kudarika nguva yavakatarirwa kana kunopotsera mapasipoti avo kwakadaro pavanongopinda muBotswana chete. Vazhinji vavanhu ivava maZimbabwe vane madhigirii kana makosi avakadzidzira vaizongopedza vava pfambi kana kuti mbavha. Hakuna mabasa. Pamwe zviri kuitwa nevaTswana ndizvo chaizvo. Munhu womurume anofanira kumira-mira achidzivirira vana vake kuti upfumi hwavo hurege kutorwa namabvakure.

Juba anozvisimbisa kuti paanongosunungurwa chete anobva atanga zvakare rwendo rwake rwokutodzokera kuBotswana. Anombofunga nezvewaya yamagetsi iya achisuwa ndokuzocherechedzawo zvakare kuti nyangwe zvavo maTswana vakavhara miganhu yavo, miganhu yeZambia, Namibia, Congo, Mozambique, Angola neweSouth Africa inenge yakangoshama. Zvinenge zviri nani kubatwa sembwa munyika musi mako pane kubatwa sembwa munyika mako.

MUSHONGA WEPASI POSE

Pat Brickhill

Yakaturikirwa naNjabulo Mbono naReginald Nyango

Ndakatanga kuonana naEsilina Sibanda rimwe zuva raipisa rezhizha yeZimbabwe, apo ndaifamba zvangu ndichienda kuTM yepaAvondale Shopping Centre munharaunda yandaigara. Akandikwazisa zvinetsika ndokundimisa kuti andiudze kuti aitsvaga basa. Ndaisunda mwana wangu mupurema mukoma wake achifamba parutivi rwangu. Ndakateerera Esi ndokumutaurira kuti ndakanga ndisirikutsvaga mushandi sezvo ndaiva pamba nevana vangu ndisingasevenzi, uye ndaikwanisa kuzviitira basa remumba ndega. Akandiudza kuti ndiri mukadzi akasimba kwazvo ndikamupindura nekumutsiura ndichiti nyangwe nayewo! aive mukadzi akasimba kana aidakarira kusevenza basa guru kwazvo remumba mangu. Takamira tichikurukura kusvika vana vangu vaneta nekumira muzuva. Tisati taparadzana akanditaurira kuti airoja pakamba kekuseri kwemba yaive padyo neyangu. Uyu waive mumwe wemisangano mizhinji yakazotevera kubva musi iwoyu. Takajairana tikaenda tichizivana zvishoma nezvishoma. Takatanga kukwazisana pataisangana mumapevhumendi mumwe nemumwe wedu akabata pepabhegi rake remagirosa kana pandaiendesa mwana wangu mukuru kuchikoro.

Africa kwaive kumusha kwangu, uyezve nzvimbo yechizvarirwe. Ndainzwa ndakatambarara nekusununguka mumoyo nemweya. Ndaigara ndega sezvo murume wangu akanga andisiya achindonogara nemukadzi wechidiki. Kutaura kuno vana vangu vatatu vasvika zera riya rekuti zvimhingamipini nezvisingazivikanwi zvepasi rino zvinenge zvodana kasingaperi. Ndaifarira kuona denga rakaguta neruvara rwaro uye rakacheneswa nezuva. Ndainzwawo kuvaraidzwa zvikuru nemaruva emibayamhondoro paya paanenge ashonga sembatya dzemaresi nekuzadza ruvanze rwangu. Ndaifarira kupisa kwakwaiita zvokupedzisira tara yaita unyirinyiri, seyakanyura mumvura. Ndaiyeva kwazvo muti wemueritirina unoita ruvara rwemoto nokudonhedza bhinzi dzinoshaina dzinotaima samatombo matsvuku anokosha. Manheru ndaifarira kurara pamasora aitonhorera, imbwa dzangu dzirere padivi pangu dzichizvishairwa pazvo, ini ndakatarisa nyenyedzi kusvika ndanzwa hana yangu yadzikama, yorova zvinyoronyoro.

Mumwe musi Esi akauya kumba kwangu huri husiku, kwasviba. Magetsi emumugwagwa aiva asingashandi sezvo kanzuru yakanga yasiyira basa rekumagadzira kutumakambani twaiva twevakuru vekanzuru, zvokungoda kudya nyika rutivi. Ndakanzwa hana yangu ichirovera mudundundu mangu pandaibuda mumba ndakachenjera ndakananga kugedhi kunotarisa kuti ndiani aivako. Idzo imbwa dzangu mbiri dzakanga dzichimhanya nokuhukura dziri pamberi pangu zvishoma. Pekutanga handina kucherechedza mukadzi mupfupi akanga amire pagedhi. Aive akasunga musoro sezvaiita vakadzi vechitema munguva yeRhodesia vhudzi rekurukirira madhiredhi risati ratekeshera. Esi akanga asina chaakatakura kunze kwesagabhegi nebhasikiti raaive akadengedza mumusoro – ndakazoona kuti izvi ndizvo chete zvaaive nazvo.

Ndakanyaradza imbwa, mwanakomana wangu nemwanasikana wangu ndokubuda panze vachindisheedza kuti vaone kuti kwakanga kwakanaka here. Ndakavati kwakanaka ndikati daidzai imbwa. Ndakabvunza mukadzi uyu kuti ndingamubatsire nei. Vanhu vanoti hunhu hwemunhu akanaka hunongooneka. Esi akanga ari mumwe wevakadzaro. Ndakazvibata asati ambopedza kutsanangura nyaya yake kuti ndemumwe wevanhu vaya vanonzi ngirozi, vaya vanouya kwemwaka mumwe kana kuti nechinangwa muhupenyu hwako. Takanga tine kabhoiskaya kadiki kusure kwemba kwaiperera gadheni. Esi aive nekatarisiro kemunhu ane zvinomuteera zvinotyisa pameso pake kandakanzwisisa sekangu, sekunonzi ndakanga ndakatarisa mugirazi. Pane chakaita kuti ndipe Esi bhoiskaya kuti agaremo akabvuma nemufaro ndokutenda nekutura mafemo . Zvisinei, akaramba magumbeze angu andaive ndamupa achiti aive nezvese zvaaida, mamwe mashoko tozokurukura mangwana kwaedza. Ndakasvikozvikandira pamubheda ndokukotsira semucheche. Ndakamuka kuseniseni ndokuenda kukicheni kunozvibikira zikapu retii hobvu. Kunze kwaiva kuchakasviba asi zuva raiva rotoda kubuda, shiri dzichiimbira zuva idzva. Nepahwindo ndakaona chimumvuri chidiki chakakombana chichitimba mugadheni rekuseri. Ndakazarura dhoo ndokubuda kuti ndinoongorora. Esi aiva akabata badza raiva rakasakara achigomera nekutimba, achinyevenudza ivhu dema. 'Uri kuitei?' ndakabvunza.

'Ndarara,' akapindura nenzwi raiita seraipera mweya. 'Iyezvino ndinofanira kutimba.'

Ndakambomira zvishoma, ndokudzokera mumba kunomudirira zikapu rakewo retii hobvu. Akaitambira ndokuzembera pabadza rake. Akanditenda tikanwa tii yedu timire murujeko rwezuva remangwanani emuAfrica. Akandikumbira kuti nditarise gadheni rekuseri kuti ndimuraire makuriro angaite gadheni redu remuriwo. Pane dzimwe nguva muhupenyu hwedu patisingabvunze. Mumwe munhu kana kuti chimwe chinhu chinongokwana zvakanakisisa muhupenyu hwedu zvekuti hapana chinangwa chekubvunza zvakawanda. Ndiwo mapindiro akaita Esi muhupenyu hwangu. Ndakangandisingadi mushandi sezvo pakanga pasina basa rakawanda raida kuitwa asi kunyangwe ndaisazviona mweya wangu wakanga wakakuvara uye zvaida munhu aikwanisa kunditaridza nzira yekuti ndizvirape.

Mazuva akapindana, mavhiki akaita makore. Esi akaita achichembera asi simba rake harina kudzikira. Kunyange aifarira zvekutaura dzimwe nguva ayisarudza kunyarara. Rimwe zuva ndakasangana naye murodhi ane badza rake pamapendekete. Ndakamubvunza kwaaienda akanditaurira kuti akanga awana kamunda kaakanga achirima mbambaira nechibage. Ndakashamiswa nesimba rake zvakare nechido chaaiva nacho chekudyara nekurima zvinhu.

Kakawanda aiuya pedyo neni muhofisi yangu sezvo ndaishandira pacomputer yangu pamba. Ndinocherechedza kuti ainyumwa kana ndakasuwa uye aiziva pandaida munhu wekutaura naye – sematangiro andakazoitawo kumunzwisisa.

Ndakada kumutsvagira mubatsiri sezvo akanga ashandura seri kwemba zvishoma nezvishoma kuita zigadheni kwaro. Akaramba achiti magadheniboyi emudhoroba anongoziva nezvemaruva chete. Kana zviri zvemiriwo, ndiro raive basa rake, kwete zvimwe zvose. Hataironga kuti anorimeyi asi dzimwe nguva ndaingotenga mbeu yakasiyana-siyana ndoisiya mukabhokisi kadiki kaigara pawindo. Aitora yaaida orasa inenge yasara yaasingadi. Akandidzidzisa kuchengeta mhodzi dzemichero nemiriwo yandinenge ndatenga. Kunyange imwe yainge iri yemahaibhiridhi isingabereki chero ukaidiyi. Aidzungudza musoro pandaimutaurira nezve mahaibhiridhi. Dzimwe nguva ndaiwana tumatomatisi twutsvuku twuri pahwindo rangu, hanyanisi, makaroti, muboora, kana popo rakaibva rekuti ndidye mangwanani.

Pamawikendi muchirimo ndaitimbawo mugadheni asi ndaingodyara maruva neravhenda namakwenzi emishonga. Dzimwe nguva aiuya kuzotaura neni ndakapfugama ndichidzura bundo. Taitaura zvegadheni, zveupenyu, nezve vana vangu vaakanga odisisa, ende vava vedu tese. Hanzvadzi yake yakamupa mwanasikana kare kare iye ndokumuchengeta sewake – mazuva iwayo chaive chinhu chaiwanikwa kwazvo.

Pakutanga ayinzvenga hurukuro yenyaya yezveupenyu hwake asi nekufamba kwenguva takanga tavakuudzana zviri pasipasi pemoyo yedu – tichinzwisisana. Dzimwe nguva marwadzo emoyo wangu ayikurisa zvekuti ndaingonzwa kuda kuti ndikunguruke sekabhora, ndiende kure nezvinhu zvese. Ndaimunzwa ari mukicheni achishanda chinyararire, kuchekacheka - kubika chikafu chaainge arima mugadheni make. Dzimwe nguva raive poriji rehupfu hwechibage, muboora wakasanganiswa nemuto nehanyanisi nemidzonga yehuku. Kana zvayibva ayizviisa muhovheni onyangarika. Zvaiita kunge masaramusi kuti kamunhuwi kechikafu chake kaizadza imba yose kaindikwezvera kukicheni. Ndaipakura chikafu ichi chainge chabikwa nemoyo wose ndochidya pachinyakare nezvigunwe. Ndaidya ndichifunga Esi nekuti aitaridza kuva nesimba rakadarika rangu rekukurira marwadzo ekusurukirwa.

Aive akakurira kumusha. Pamazuva ake ehusikana aichera mvura nekutsvaka huni. Semusikana oga mumba mavo basa rose remumba rainge rakatarisana naye. Akambondiudza kuti mai vake vaigaromurova vachimuti aite 'semukadzi chaiye'. Zvisineyi, aifarira zvekurima muriwo, kunzwa ivhu richizaruka pamberi pake, kudyara mbeu nekuyichengeta kusvika yakura. Akaroorwa nemurume akanga asiri munhu werudzi rwavo uye asiri chido chevabereki vake. Akamurasisa zvikuru. Paakanga ave nemakore makumi mana namaviri, murume uyu akamupomera mhosva yekushaya mbereko akamudzinga ndokuroora mumwe mukadzi wechidiki. Murume uyu haana kuita vana chero nemukadzi wake mutsva kana nevamwe vakazotevera. Esi haana kuroorwa zvekare.

Esi akandiudza kuti aichema zvikuru panguva iyi. Akatadza kunzwisisa kuti sei Mwari vasina kumupa mwana aizomuvaraidza nekumubatsira kuti murume wake asamutize. Akatozoti aenda kwamudzviti wemendenenzi kuti azame kuwana zvinhu zvake zvakanga zvasara kumurume uyu, ndipo paakakatyamadzwa achiona huwandu hwamadzimai anevana asi vakasiiwa nevarume.

Kuti asanyanye kusurukirwa, Esi akanditaurira kuti, akarima donje kekutanga akatengesera kuCotton Marketing Board. Akavakira mai vake vakanga vakachembera imba yezvidhinha kumusha. Aidisisa kumusha kwake zvikuru zvekuti ndakazoona rimwe zuva ndongomubvunza kuti anodii kusiya zvemudhorobha onogara kumusha kwacho. Akandipa chiso chayiita sechinoti kugara kwake mudhorobha kwaive nechekuita nekundichengeta. Pamawikendi kana asiri mugadheni, aifamba achitengesa zvirimwa zvake musabhabha imomo. Hatina kumbokurukura kuti aizoiteyi nemari yake asi ndaizongoona zvipunu zvitsva, chigero, kana bhaketi idzva, zvakarongedzwa zvakanaka mushedhi maairongedzera maturusi ake. Aipedza nguva zhinji achirima mbesa dzake mumatureyi epuranga andainge ndatengera zvinhu kumagirosa.

Esi akandidzisa zvakawanda pamusoro pehupenyu. Akandidzidzisa kuti hupenyu hunoratidzika muzvinhu zvakatikomberedza − kuti chimwe nechimwe chinenguva yacho, yekuseka nekuchema, nguva yekukura, nenguva yekusakura, nekufa. Hutsinye hwevarume ndicho chimwe chinhu chaainzwisisa zvikurusa. Asi akandidzidzisa kusarera shungu, kuti utsinye haungadzorerwe nevakadzi vose vakambotambura – vanofanira kuzvipa basa rekuita mumagadheni avo. Vanofanira kudyara, kukura, nekupora. Akandidzidzisa zvekare kukudza nekubatisisa twumbeu twangu twudiki, naizvozvo vana vangu vakachengetedzawo nzvimbo yaEsi mukati memoyo yavo. Akambondiudza imwe nguva pandaichema kuti misodzi yangu yaive mvura yaigeza marwadzo.

Aifarira kuti mugadheni make aishanda nenguva yake, airima zvaaida, uye aisarudza kudzura chaanenge ati ibundo. Ainakidzwa nekuona zvirimwa zvichikura. Akandiudza zvekare mumwe musi kuti dai zvaibvira, aingoshanda nevhu chete pane rimwe basa rese. Zvainetsa kufunga kuti dai akaita vana angadai akagara kumaruva hupenyu hwake hwese. Asi akanga awuya kudhorobha kuzotanga hupenyu hutsva kure nevabereki nemadzitezvara ake, aisanzwisisa kushaya mbereko kwake.

Aiziva kuti hupenyu hwakanga husina kufanana uye aigaropedza nyaya yaisuwisa nemazwi ekuti, 'Mwari ndivo vanoziva'. Kutenda kwake kwakanga kuri kukuru zvikuru, asi aitambira zvaiitika muhupenyu hwake nekushingirira kwaishamisa. Nechina chega chega aipfeka mbatya dzake dzeRuwadzano rweMadzimai eChechi yeMethodist oswera ariko masikati ose. Mumwe musi akatikoka kuchechi nevana vangu paakazodzwa kuti ave muparidzi ndikanozvionera ndega nemeso kubatana kwevakadzi kwandaisingorota. Manheru ega ega aigara mumba make achiverenga kana kukopa mavhesi emubhaibheri. Kunyangwe asina kuenda kuchikoro aigona kunyora nekuverenga zvose nekutaura marudzi matatu.

Matongerwo enyika akashanduka bato raitonga parakaramba kusiya chigaro, zvandisina kumbonzwisisa. Vakaramba kuregedza matomu ehurumende, vakazvipira kuparadza nyika yese kuti varambe vachitonga. Havana kudzokera shure nechinangwa chavo, vachiparadza vese vaisabvumirana navo – vechokwadi kana vekufungira. Varimi vechichena vakasiya minda yavo. Kwekanguva Esi aifunga kuti achawana munda asi minda haina kupihwa vakaita saye.

140

Dangwe rangu rakabuda muAfrica kuti rindodzidzira kugadzira m
fananidzo yebhaisikopo. Pakapedza mwana wangu wechipiri chiko1
ndakaona chido chake chekunogara nemukoma wake kunze kwenyik
Zvinhu pazvakawomesesa kwokupedzesera zvokuti vainge vari mu1
mukati menyika ino ndivo chete vaitozvinzwisisa, ndakapedzisi
ndakundwawo   nekusagadzikana   mumoyo   nemupfungw;
Ndakarongedza tunhu twangu tushoma, imwe shamwari yan{
ndookutenga matiketi ekuti ini nevana vangu vaviri vanga vasara ti
wire ndege tinogara kuEngland. Ndakawana basa musupamaketi y
Sainsburys yemunharaunda mandaigara ndokutanga kuroja mukaml
kadikidiki muWest Sussex. Ndakatenga foshoro, badza nembeu yang
Ndikasunga bvudzi rangu, ndikabuda mumba ndokutanga kutiml
mugadheni.

We would like to thank all the following individuals who assisted with proofing this collection or stories within it:
Taurai Chinyanganya, Joseph Chikowero, Njabulo Mbono, Miriam Irene Mandipira, and, of course, the authors and translators.